열정으로 유혹하라

강규남 지음

열정으로 유혹하라

초판 1쇄 발행 2013년 1월 11일

지은이 강규남 · 발행인 권선복 · 편집주간 김정웅 · 편집 박소은 · 디자인 엄희주 · 전자책 박소은 · 마케팅 서선교
발행처 도서출판 행복에너지 · 출판등록 제315-2011-000035호 · 주소 (157-010) 서울특별시 강서구 화곡로 232
전화 0505-613-6133 · 팩스 0303-0799-1560 · 홈페이지 www.happybook.or.kr · 이메일 ksb6133@naver.com

ISBN 978-89-97580-56-9 13180

Copyright ⓒ 강규남, 2013

* 이 책은 저작권법에 따라 보호받는 저작물이므로 무단전재와 무단복제를 금지하며, 이 책의 내용을 전부
  또는 일부를 이용하시려면 반드시 저작권자와 〈도서출판 행복에너지〉의 서면 동의를 받아야 합니다.
* 잘못된 책은 구입하신 곳에서 바꾸어 드립니다.

도서출판 행복에너지에서는 독자 여러분의 아이디어와 원고 투고를 기다립니다. 책으로 만들기를
원하는 콘텐츠가 있으신 분은 이메일이나 홈페이지를 통해 간단한 기획서와 기획의도, 연락처 등을
보내주십시오. 행복에너지의 문은 언제나 활짝 열려 있습니다.

열정으로 유혹하라

강규남 지음

목차

Prologue 여성! 열정의 차이가 성공과 실패를 좌우한다

PART 01
열정의 불씨
13

- 다시 꾸는 꿈 • 내가 진정 알아야 할 것은
- 성공을 위한 자기 암시 • 최대의 승리
- 불가능에 순응하지 않는 혜안 • 꼭 버려야 할 세 가지 단어
- 성공을 위한 콘서트 • 낙관의 힘 • 세상의 중심에 서라
- 목표가 있는 삶 • 진짜 인생은 서른 이후에 • 목적불변
- 나의 신념

PART 02
열정에 열정을 더하라
53

- 실행이 곧 열정이다 • 자신감의 가치 • 용기와 인내
- 신체 관리력 • 독서하는 사람이 세계를 지배한다
- 직업이란 • 예절과 매너로 상대를 매혹하자
- 집중과 몰입 • 신뢰를 주고받다 • 질문하라
- 미래는 나의 것 • 시간을 지배하자 • 삼십 대의 결혼
- 결혼을 위한 상담

PART 03
열정으로 이겨내라
97

- 지피지기면 백전백승 • 감사합니다 고맙습니다
- 누구를 위한 비난인가 • 불만에 대한 또 다른 해석
- 멘토를 찾아서 • 반성과 변명 • 실패의 중요성 • 말의 양날
- 생각과 믿음 • 인내는 위대하다

PART 04
나만의 경쟁력
129

- 첫인상에 투자하라 • 책임이 따르는 행동
- 손님으로서의 품위 • 존칭에 대한 세심한 주의
- 잠시의 태만이 하루를 망친다 • 일에 대한 기본을 지키다
- 대충대충 이룬 성공은 없다

PART 05
비즈니스는 룰이 있다
153

- 룰Rule이 지배하는 세상 • 에티켓은 성공을 위한 티켓
- 명함은 본인의 얼굴 • 통화 예절 • 통화 용건 전달은 명료하게
- 공과 사의 명확한 구분 • 소개 예절 • 안내 예절 • 비주얼 관리
- 인사는 적극적으로 • 몇 분의 지각으로 성공은 평생 늦어진다
- 잡담의 노예가 될 것인가 • 설득의 기술
- 커뮤니케이션의 핵심, 스피치

PART 06
성공으로 가는 열정
197

- 진심만이 통한다 • 심장은 감성이 뛰게 한다
- 성공의 가장 큰 비결은 집중력 • 기교보다는 진실한 마음으로
- 지각에 대한 적절한 대처 • 성공의 보증수표, 유머
- 웃는 사람은 못 이긴다 • 올바른 여성 리더십
- 성공하는 여성들의 열정의 지침

PART 07
여성 리더의 유연한 열정
227

- 제대로 말하고 제대로 듣다 • 한 줄 문장에도 인격이 담겨 있다
- 폐를 끼치지 말자 • PDS 원칙 • 또 하나의 중대 업무, 회의
- 출장 준비 요령 • 자신만의 브랜드 가치를 높여라
- 전략으로 승부하라 • 독서가 주는 열정, 열정이 주는 기적
- 자기계발이 우선이다 • 습관이 바뀌면 운명이 바뀐다

PART 08
열정의 탁월함
263

- 탁월함은 우연히 생기지 않는다 • 우선순위를 정하라
- 리더의 자질 • 머뭇거리는 리더는 없다 • 팀워크
- 21세기 성공 키워드, 자신감 • 재능을 발굴하라
- 사고思考가 행복을 이끈다
- 절제와 느림의 미학 • 끝없는 배움, 끝없는 성장
- 우호적인 여성 리더가 되자 • 그대, 인생을 만끽하라!

Epilogue 대한민국 최초의 여성 대통령 시대 개막,
21세기는 왜 여성 리더십에 주목하는가

Prologue

여성! 열정의 차이가 성공과 실패를 좌우한다

지구상의 하나뿐인 당신. 당신의 꿈을 이루게 만드는 데는 긍정과 열정만 한 것이 없다.

    열정이 다르면 기회도 다르다. 열정의 차이가 삶과 직장에서 성공과 실패의 차이를 좌우하게 된다. 생각의 차이는 곧바로 자신의 미래와 연결된다. 지금 품고 있는 생각이 자신의 미래라는 것이다.

    여성도 야망이 있다. 끝까지 지키고 싶은 자신의 꿈이 있다. 여성으로서의 역할, 지켜야 할 덕목들 때문에 '희생'이라는 이름으로 뒤로 밀려나야 했던 성공이라는 목표가 있다.

30대는 새로운 도전을 하는 소중한 시기이다. 꿈을 꾸기에 늦은 나이는 없다.

열망하고 꿈꾸는 것은 꿈꾸는 자의 몫이다. 여성 직장인들의 현명한 처세술은 타협하지 않고 적응하는 것이다. 성공의 비결이 있다면, 그것은 남의 입장을 이해하고 자기의 입장과 동시에 남의 입장으로도 사물을 볼 수 있는 시각의 차이가 아닐까?

상대를 배려할 줄 아는 사람이 긍정적인 에너지를 만들어내고, 우호적인 분위기 속에서 작은 욕구는 열정으로 성장한다. 상대를 감성적으로 배려하는 것이 곧 자신을 변화하게 할 것이다. 혁신하면 일의 성과는 물론이고, 자신이 성장되어 있으리라 믿는다.

어떤 일이든 열정으로 시작해야 열매를 맺을 수 있다. 열매를 맺는다는 것, 작은 성공을 경험했을 때만 열정의 가치를 알 수 있는 것은 아니다. 그렇다고 열정의 가치를 쉽게 느낄 수 있는 것 또한 아니다. 쉽지 않은 일이라는 것을 알기에 일깨워주고 싶었다. 이 책을 펼쳐든 것처럼 조금씩 변하면 된다는 사실을 전해주고 싶었다.

중요한 것은 나이가 아니고 '나와 내 마음'이다. 그리고 '타이밍'이다. 나는 나이를 이야기하고 싶은 것이 아니라, 타이밍을 이야기하고 싶었다.

성공을 좇는 데 급급해 말고 잘 될 거라는 믿음을 갖고 무엇이든 시도해야 꿈은 이루어진다. 실패를 통해 실패의 지혜가 미래에 촉매제가 되는 것처럼 두려워 말길 바란다. 소망하는 마음으로 끊임없이 포기하지 않고 꼭 실행하라는 간절한 바람의 메시지를 전하고 싶다.

끊임없이 자기를 계발하여 실패를 극복하는 열정의 전략을 같길 소망한다. 질풍노도의 사춘기를 겪으면서 고뇌했던 지구상의 단 하나뿐인 당신의 미래가 열정으로 열매를 맺을 수 있기를, 여성들의 미래를 기대해 본다.

여성, 나이가 드는 것은 늙는 것이 아니다. 완전한 인생은 없다는 사실을 조금씩 깨달아가는 것이다. 그 사실을 느끼는 순간부터 우리는 다시 살아야 하는 게 아닌가!

  그대들의 막연하고도 가슴 벅찬 꿈의 여백이 행복으로 채워지길 바란다.

  마지막으로 사랑하는 나의 가족. 가장 사랑하는 공주, 엄마가 된 것을 다시 한 번 축하한다. 사랑하는 공주의 도움으로 건강을 회복한 것에 감사하며 이글을 바치고 싶다.

  보이지 않아도 저를 생각해주시는 모든 분께 감사를 드리며 행복에너지 권선복 사장님과 모든 직원분들께 감사드린다.

2012년 12월에
용인 동백에서

열정적인 사람들은 어떻게든 일을 해낸다.
훌륭한 리더에게서는 주어진 일을 해내고자 하는
열정을 느낄 수 있다. 열정이 눈에 보인다.
열정적인 사람들은 다른 사람들에게 사기와 의욕을 불러일으킨다.
우리가 잘 아는 것처럼, 열정은 전염성이 있다.

- 리너드 H 로버츠, Leonard H. Roberts (라디오색 RSH : 美 전자자품 유통회사 회장)

PART 01

열정의
불씨

다시 꾸는 꿈

이제는 현실적인 꿈을 꾸자

우리 주변에는 풋풋하지도 않고 그렇다고 농익지도 않은, 삼십 대 여성들이 있다. 30대는 풋내를 풍길 때보다는 조금 더 현명한 판단을 할 줄 알고, 자신의 스타일에 맞는 것을 고르는 안목이 갖춰지는 때이다.

이 시기 여성들은 차츰 현실 지향적으로 변한다. 허황된 꿈을 뒤로 하고 이상과 현실의 거리를 가늠한다. 자신도 모르는 사이에 현실적인 것과 이상적인 것을 구분하는 지혜가 생긴 것이다. 그런 면에서 삼십 대에 꾸는 꿈은 가치 지향적이거나 현실적인 것으로 분리되는 경향이 있다. 가치를 지향했을 경우 도발적일 수 있고, 현실을 중시했을 경우 평범할 수 있다. 평범하든 도발적이든 잘못된 꿈은 없다. 진심이라면 모두 이뤄내야 마땅한 것이 바로 꿈이다.

삼십 대에 꾸는 꿈은 저절로 가슴을 두근거리게 만든다. 생각에만 머물러있던 것을 실현 가능한 것으로 변화시킬 수 있는 힘이 있기 때문이다. 현실을 직시하면서 꿈을 꾸는 자는 절망에 빠져들 위험이 적다. 특히 뚜렷한 목표를 향해 나아가는 여성은 더욱 그러하다. 무모한 투자나 소비를 과감하게 외면하고 모험을 하기 전에 신중히 타진해보는 현실 감각이 뒷받침되기 때문이다. 탁월한 감각은 우연히 생기거나 운이 좋다고 생기지 않는다. 꿈을 꾸고 조금 더 명확한 목표를 제시할 때 새로운 안목이 생기는 것이다.

꿈을 꿀 때는 간절하게

사람은 누구나 자신의 꿈을 이루기 위해 고군분투하는 과정에서 어려움이나 좌절에 부딪힌다. 그리고 성공에 이르기까지 수많은 실패를 반복한다. 실패는 고난을 극복하지 못한 사람들이 겪는 뼈아픈 후유증이다. 이전에 실패하고 좌절했던 자신의 모습을 결코 잊어서는 안 된다. 같은 실수를 반복해서는 안 되기 때문이다. 여성의 능력과 그 가치가 조명 받는 21세기에 우리는 살고 있지만, 성공적 사회생활로 나아가는 길이 대한민국 여성에게는 여전히 적게 열려 있다는 것을 잊지 말자. 또한 실수를 거듭할수록 성공은 멀어진다는 사실을 인지해야 한다.

그렇기에 과거 자신이 극복하지 못했던 고난에 대해 철저한 대비가 필요한 것이다. 이전에 내가 너무 쉽게 포기한 것은 아닌지, 간절하지 않아서 극복할 마음은 없었는지도 생각해 보자. 그만큼 어떤 마음가짐을 가지느냐에 따라 성공의 여부는 판가름이 난다.

성공은 계산 끝에 얻어지는 것이 아니다. 오히려 한 번 실패하고 넘어졌던 곳에서 얻을 수 있다. 꿈에 한 발짝 더 다가서려면, 실패를 두려워해서는 안 된다. 어떠한 꿈이든 그 꿈에 대한 열정과 간절함이 있다면, 그 열정과 간절함이 저절로 그 여성을 성공으로 이끌어 줄 것이다.

One Point Lesson
자신의 꿈과, 의지를 가늠하는 데 시간을 투자하라. 성공을 위한 통과의례다.

내가 진정
알아야 할 것은

나를 잘 아는 것만큼 중요한 것은 없다

당신은 본인이 어떤 여성인지 잘 알고 있는가? 어떤 환경에 잘 적응할 수 있는지, 사랑을 받고 있는지, 무얼 하며 살아가고 싶은지 당신은 스스로를 잘 파악하고 있는가?

다양한 지식을 얻는 것만큼 자기 자신에 대해 잘 알고 있는 것도 중요하다. 자신에 대한 믿음이 부족한 경우, 외부에서 유입되는 감정과 정보를 필터링하지 못한다. 무차별적으로 받아들이거나, 아예 받아들이지 못하는 경우도 있다. 자신을 잘 모를수록 성공으로 가는 시간이 많이 지체되는 것이다.

그 다음에는 일생 동안 내가 추구하는 바가 무엇인지, 나의 가치관은 무엇인지를 정확하게 인식해야 한다. 느닷없이 덮치는 파도처럼 자아에 대한 혼돈이 서른을 넘어서까지 이어지고 있다면 평범하게 사는 것조차 진이 빠지는 일이다.

"나도 나를 잘 모르겠다."고 말하는 여성들은 자아 정립에 대해 부정적이거나, 혼돈을 정리하지 못한 여성들이다. 격변의 시대를 맞이한 21세기 대한민국에서 여성이라면 누구나 자신의 존재에 대한 혼란을 경험한다. 가치관도 수없이 많이 바뀐다. 불혹이 되어서도 그럴 수 있다. 중요한 것은 그것을 고칠 수 있느냐 없느냐다. 나를 잘 파악하게 된다면, 그런 혼란에서 쉽게 벗어날 수 있다.

누구에게나 본인에게 맞는 적성과 소질이 있으며 이는 사람마다 차이가 있다. 스스로에 대한 파악이 이루어졌다면 본인의 능력과 관심을 고려해 직무를 택하고 계속 역량을 키워 나가다 보면 성공은 한층 가까워질 것이다.

'쿨'하지 말자

자신에 대해 잘 모르는 여성은 꿈을 이루는 과정에서 남들보다 더 많은 어려움을 겪고 더 많이 실패하게 된다. 그런 여성이라면 한번 진지하게 되짚어 봐야 할 단어가 있다. 바로 '쿨Cool'이다. '쿨'이라 함은 당신을 위한 것이 아닌, 누군가에게 보여주기 위한 모습일 수도 있다는 사실을 아는가? 쿨함은 나를 위한 것이 아니라 남을 위한 것이다. 이 세상엔 쿨 한 실패는 없다. 누구에게나 실패는 뼈아프고 가슴 저린 일이다. 실패에 쿨 하다는 것은 뼈아픔에 대한 회피이며 포장된 연기일 뿐이다.

본인에 대해 잘 모르는 여성들은 자신의 진실한 삶이 아닌 타인의 눈에 비친 자신의 겉모습에만 매달린다. 실패를 해도 쿨한 척하며 나는 괜찮다고 다른 사람들 앞에서 애써 웃어 보인다.

이제는 쿨해지지 말자. 만약 실패했다면 타인의 눈치를 살피지 말고 뜨거운 감정이 시키는 대로 표현해야 한다. 삼십 대는 누군가의 눈치나 살피는 시기가 아니다. 언제나 마음속 깊은 곳에 감춰두려 했던 본래의 자신을 꺼내어 마주해 보자. 자신이 누군지, 본모습이 어떠한지 똑바로 응시할 수만 있다면 실패를 극복하는 것은 어려운 일이 아니다.

배움에는 끝이 없다

자기 자신의 본질에 대해 알게 되었다면 그 다음으로 해야 할 것은 지식과 지혜를 구하는 일이다. 배움이 있는 삶은 남에게 의존하지 않는 삶을 만들어준다. 그래서 배우는 일에 게으름을 피워서는 안 된다. 더 많이 학습 하는 일은 무엇보다 중요한 것이다. 오늘 지금 이 순간 역시 새롭다. 과거에 잘 알았던 것이라도 오늘 다시 바라본다면 또 새롭게 배울 것이 있다.

십 대와 이십 대 내내 우리는 학생으로서, 또 사회 초년생으로서 많은 것을 배웠지만, 삼십 대에도 여전히 새롭게 배울 것들이 남아 있다. 결혼을 하거나 아이를 낳는 여성들도 있을 것이고, 전혀 새로운 일을 시작하거나 또 다른 생의 가치를 위해 다시 처음부터 시작하는 여성도 있을 것이다. 본인의 의사와는 상관없이 사랑하는 사람을 떠나보내는 사연도 있다. 어쩌면 십 대, 이십 대 때보다 밀려오는 난관은 더 많아지고 고민은 깊어만 간다. 자의든 타의든 겪을 것이 많다는 것은 여전히 배워야 할 것이 그만큼 존재한다는 뜻이다.

진정한 배움이란

끊임없이 새로운 것을 수용하는 것이 배움이다. 전문적으로 한 가지 이상의 학문을 정해 갈고 닦는 일도 매우 중요하다. 이것이 바로 삼십 대 여성의 커리어와 직결된다. 자신이 학생 시절 배운 분야를 심도 있게 더 파고드는 것도 좋고 전혀 다른 분야에 대해 학구열을 높이는 것도 좋다. 어느 것이 되었든 그것이 커리어에 도움을 주고 사회의 중심에 굳건히 서는 데 도움을 준다는 것은 틀림이 없다. 그렇게 학문과 학식에 정성을 쏟아야 자신의 가치를 높일 수가 있는 것이다.

실패를 원치 않는다면 배워야 한다. 이따금 능력이나 참된 배움보다 학벌, 이력에 유난히 민감한 우리나라의 일그러진 통념 앞에 종종 좌절하지만, 진정한 능력과 학식에 대한 열정은 언젠가는 그 진가를 발휘하는 법이다. 당신의 미래는 당신이 얼마만큼 배우고 있는가에 달려있다. 집에서 TV만 보거나, 발로 뛰지 않는 젊은이에게 미래는 가차 없이 경계선을 긋는다.

One Point Lesson
실패를 두려워하지 않는 진정한 나와 마주하고, 더 많은 학문을 쌓아 자신의 가치를 높이자.

성공을 위한
자기 암시

나는 나를 얼마나 믿는가?

살아가는 데 있어서 정말 중요한 감정이 있다. 바로 '나에 대한 믿음'이다. 자신감은 나를 믿는 것에서 시작된다. 내가 나를 믿지 않는다면, 세상에 그 누구도 당신을 믿지 않을 것이다. 나 자신과의 약속, 내가 원하는 일, 필요로 하는 일은 무엇이든 최선을 다할 수 있을 거라는 믿음이 있어야 열정이 생긴다. 스스로를 믿지 못하면 행동과 말투에는 열등감이 묻어나고 자연스럽게 불안한 생활이 이어질 것이다.

그런 상태에서는 추상적인 꿈을 꾸게 되고, 시련과 고난이 닥쳤을 때는 하염없이 무너져 내릴지 모른다. 마음에 힘이 없는 것은 육체적으로 힘이 없는 것보다 심각한 병이다. 믿음은 불확실한 성공 가능성이 아니라 내 마음, 내가 가진 열정의 크기에 달려있다. 세상을 살면서 어떤 상황에 처하더라도 나 자신을 믿고 용기 있게 대처하겠다는 자세가 필요하다. 믿음에는 엄청난 힘이 있다. 믿음만 있다면 어떤 일이 벌어지더라도 상황을 개선시킬 수 있다. 나는 할 수 있기에, 나는 잘되는 것이다. 그렇게 자신감은 자신을 믿는 데서 온다.

잘될 것이다, 잘할 수 있다

우리나라 최초의 우주인은 여성인 이소연 씨다. 그녀가 우주인으로 성장하기까지는 많은 어려움이 있었다. 단순히 운이 좋아 대한민국 최초의 우주인이 된 것이 아니다. 그녀는 오래전부터 영어와 체력, 인간관계 그리고 긍정적인 마인드까지 꾸준히 준비했으며, 자기 자신을 믿고 명확한 목표를 세운 후 그에 따라 정진해왔다. 그만한 노력이 있었기에 염원하던 우주에 닿을 수 있었다.

그녀는 매일 5km 이상을 뛰었다고 한다. 대한민국 최초의 우주인으로 선정된 것은 피나는 노력이 빛을 발한 것이다. 그녀는 자신의 노력이 아직 성에 차지 않은 듯 부족하다고 했다. 그리곤 다시 미국 유학길에 올랐다. 그녀의 열정은 이미 우주에까지 미쳤지만 멈출 줄 모른다. 자신의 성공을 다른 이의 기준에 맞추지 않고 소신대로 자신의 삶을 리드해나가는 삼십 대 여성 리더. 멋지지 않는가.

그녀는 현재 러시아, 미국, 일본의 각국의 우주인들과 좋은 유대관계를 가지고 있다. 이와 같은 성과의 비결을 물어보니 "어떠한 일을 성사시키려고 할 때는 자신도 모르게 '잘될 것이다. 잘할 수 있다.'는 생각이 한다."고 답했다. 이는 일종의 자기 암시이다.

그녀는 지금도 우주산업의 한 분야에서 한국이 없어서는 안 되는 위상을 갖추게 하기 위해 노력할 것이라 포부를 밝힌 그녀는 지금 이 순간에도 자신의 삶에 전력을 다하고 있다. 그녀처럼 우리 모두 자신의 삶을 남의 기준에 따르지 않고, 자신에 대한 믿음과 소신으로 자신의 삶을 이끌어나갈 수 있는 열정을 가져야 한다.

One Point Lesson

자신감이란 '나는 어떤 상황에서든 적극적으로 행동할 수 있다.'는 열정에서 비롯된다.

최대의 **승리**

나를 이길 수 있다면 그 어떤 고난도 이길 수 있다

살면서 꼭 한 번은 싸워 이겨야 할 사람이 있다. 바로 자기 자신이다. 조금만 힘들면 참지 못하고 피하는 자신, 열등감에 휘둘리는 자신, 한두 번의 시련에 쉬이 포기하는 나약한 자신 등 여러 가지 모습의 나 자신을 이기는 것은 삶에 있어 반드시 거둬야할 승리이다. 스스로에게 이기지 못하는 사람은 본인이 만든 약점이 너무 많기 때문이다.

그 약점들을 극복하기 위해서는 아무리 작은 일이라도 소중히 여기며 최선을 다하는 모습이 필요하다. 그래야만 단련이 잘된다. 목표한 바를 달성할 때까지 멈추지 않고 계속해서 노력하는 것. 모든 일을 긍정적으로 생각하고 자신을 존중하는 것. 작은 인연도 소중히 여기며 상대에게 도움을 줄 수 있는 좋은 관계로 만들어내는 것. 항상 밝은 미소를 짓는 것. 오늘 하루를 잘 정리하고 내일 할 일을 계획하는 것. 이것들 모두가 내 안에서 해결되어야 한다. 남을 위해서가 아닌 나와 나의 사랑하는 사람을 위해서 말이다.

나와 싸워 나를 이겨내는 것보다 더 큰 승리는 없다. 내 안에서 일어난 모든 승리는 성취감을, 패배는 그에 대해 인정하는 방법을 가르친다. 패자와 승자 모두의 입장이 되어보는 것만큼 삶에 꼭 필요한 것도 없지 않은가.

계산된 모험

끝내 성공한 여성들은 누구나 저마다의 승리를 위해 고군분투하며 자신과의 싸움을 견뎌낸다. 그 과정에서 요구되는 것이 이성적이고 치밀한 판단에 의한 '계산된 모험'이다. 일찍이 자기 자신과의 싸움을 통해 깨달음을 얻은 여성이라면 성공으로 가기 위해 요구되는 사안들을 이미 잘 알고 있다. 본인이 어떤 마음가짐을 가지느냐에 따라, 만들어 낼 수 있는 시간과 기회가 달라짐을 알기 때문이다.

성공으로 향하는 동안, 가슴이 먹먹하고 머리가 복잡해져 온다면 나 자신과의 싸움에 어떻게 대처했었는지 떠올려보자. 아직 싸움을 걸어보지 못했어도 상관은 없다. 실제 성공과 내 자신과의 싸움을 하나의 목표로 두고 철저한 계산 아래 일로매진한다면 시간이 걸리더라도 성공은 결국 자신의 것이 될 것이다.

One Point Lesson

우리는 거울 앞에서 자신의 앞모습만을 체크한다. 자신과의 싸움에서 승리하려면 평소에 신경 쓰지 않았던 뒷모습까지 꼼꼼히 살피자.

불가능에
순응하지 않는 혜안

끊임없는 열정에서 오는 혜안

우리들은 일생을 살아가는 동안 수많은 문제들에 부딪치곤 한다. 이를 해결하기 위해서는 무작정 덤벼들지 말고 우선 할 수 있는 일부터 차근차근 풀어가야 한다. 계획에 따라 해야 할 일들을 즐거이 행한다면 열정은 절대 사라지지 않는다. 열정을 최대한 유지하면서 희망에 대해 진지하게 생각하다 보면 본인도 모르게 혜안을 갖게 된다.

"인간은 자기가 옳다고 생각하는 일을 될 수 있으면 많이 자신의 것으로 만드는 것을 인생의 목표로 삼고 있다."라고 톨스토이가 말한 것처럼 큰 희망이 열정을 만들고 큰 미래를 만든다. 그렇게 전력을 다하는 동안에 일을 해결하는 노하우가 축적되어 혜안이 만들어지는 것이다. 성공을 위해서는 혜안이 필요하고 혜안은 열정에서 온다. 끊임없이 목표 달성을 위해 매진하는 동안 저절로 체득한 혜안은 성공 이후의 삶에도 도움이 된다.

오프라 윈프리Oprah Winfrey는 "세상의 모든 일은 무엇을 생각하느냐에 따라 일어난다."라고 말했다. 그녀에 말대로 생각에 따라 현실은 달라지곤 한다. 때문에 가장 위험한 것은 사고의 폭을 좁혀 열정의 크기를 줄이는 일이다. 어떤 일을 시작할 때 해보지도 않고 미리부터 이건 불가능한 것이라고 선을 그어 버린다면 그 일은 생각한 그대로 불가능의 영역이 되어 영원히 실현되지 않을 것이다. 반면에 그것은 반드시 해낼 수 있다 생각하고 그 일에 열정을 가지고 임한다면, 언젠가는 결과를 만들어낼 수 있다. 커다란 희망을 품지 않은 자는 결코 미래를 꿈꿀 수가 없는 법이다.

열정과 함께 필요한 것들

일찍 일어나는 새가 먹을거리를 빨리 잡을 수 있듯이 준비된 여성만이 기회를 손에 잡을 수 있다. 직장 여성에게는 시간 관리가 특히 중요하다. 모든 문제를 한 번에 해결하려 하지 말고 오늘 할 일만 잘 매듭짓겠다고 생각하자. 작은 그림부터 차근차근 채워나가다 보면 큰 그림은 저절로 완성된다. 이제 하루의 계획을 미리 작성해보는 습관을 갖자. 시간에 따라서 해야 할 일들을 적어 보고 하나씩 실천해가다보면 시간을 지배하는 방법을 터득하게 될 것이다.

또한 너무 승리만을 고집하다 보면 인생 전체가 다소 허무해질 지도 모른다. 승리가 아닌 기회와 그에 따른 열정이 가져다주는 산물에 대해 생각하는 것이 더욱 가치 있는 일이다. 인생은 환경이 그 자체가 아니라 그에 대해 우리가 어떠한 의미를 부여하느냐에 따라 결정된다. 어떠한 자세로 주어진 환경에 대처하느냐에 따라 미래는 바뀐다. 하루를 마무리할 때에는 그날 한 일들에 대해 정리하고 그것이 내 인생에 어떠한 의미를 주며 그것이 가치 있는 일임을 스스로에게 각인시키도록 하자.

One Point Lesson
시간이 없다고 말하는 것은, 다른 일을 하고 싶지 않기 때문은 아닐까.

꼭 버려야 할 세 가지 단어

변명을 버리자

　변명하지 않는 자세는 완벽한 업무를 추구함을 드러내는 보증 수표이자, 우수한 여성이 되기 위해 반드시 갖춰야할 기본 소양이다. 변명이란 처음에는 개인의 작은 이득을 위해 시작되지만, 시간이 지나다 보면 일종의 습관으로 변모한다. 변명하는 습관이 생기면 점차 편협하고 이기적인 여성으로 변하게 된다. "변명 중에서 가장 어리석고 못난 변명은 '시간이 없어서'라는 변명이다."라고 에디슨이 말한 것처럼 매번 변명만 하는 사람은 황금보다 소중하다는 시간을 전혀 관리하지 못하고 아무런 발전도 희망도 없다.

욕망을 버리자

　사람은 욕망을 추구하며 살아갈 수밖에 없는 존재이다. 하지만 우리는 욕망의 노예가 아닌 자기 자신의 지배자가 되어야 한다.

수많은 사람들이 물욕만을 쫓아 갈 때, 만일 그 욕망을 내던질 수만 있다면 행복과 기쁨은 고스란히 우리의 몫이 될 것이다. 옛 선현은 "두 가지 해로운 일을 저울질할 때는 가벼운 것을 택하고, 두 가지 이로운 일을 저울질할 때는 무거운 것을 택해야 한다." 라는 말을 남겼다. 좁은 마음을 버리면 더 큰 세상으로 나갈 수 있다. 당신이 두 손을 꽉 움켜쥐고 있을 때는 손 안에 아무것도 없지만, 막상 두 손을 활짝 펴고 나면 온 세상이 당신의 손 안에 들어온다.

두려움을 버리자

진정한 안전은 오직 자신의 마음속에서 비롯된다. 자신이 무엇인가를 획득하거나 상실했을 때 한결같은 평상심을 유지할 수 있는지를 생각해보자. 어느 누구도 미래를 알지 못한다. 앞날을 미리 점칠 수 없다는 사실에 두려워하지 말아야 평상심을 얻을 수 있다. "시련은 있어도 실패는 없다."라고 현대 창업자 정주영 회장이 말한 것처럼 두려움을 버리고 평상심으로 무장한 사람은 결국 성공에 한 발짝 더 가깝게 다가설 수 있다. 자신에게 핑계거리를 주지 마라. 변명하려는 나약함을 버려라. 용감히 도전을 받아들이고 행동으로 맞서 자신의 결과에 대한 책임을 다한다면 당신은 분명 성공을 거둘 수 있다.

One Point Lesson
제일 앞서가는 여성은 과감히 결단을 내려 실행으로 옮기는 사람이다.

성공을 위한 **콘서트**

인류의 위대한 유산, 열정

인간을 가장 훌륭하게 만드는 것은 단연 '열정'이다. 그리고 열정은 '정신'에서 온다.

오래전 생을 마쳐 육신은 사라지고 없지만 여전히 우리 곁에 남아 도움을 주는 이들이 있다. 우리가 정신을 필요로 하는 것은 단지 영속성을 얻기 위해서가 아니다. 정신적인 힘을 상실하게 되면 삶은 무감각해지고, 생활은 대충 흘러가 버린다. 열정은 그러한 정신적인 힘을 대표하는 막강한 생명력을 가진 인류의 유산이다.

"오늘 할 수 있는 일에만 전력을 쏟아라."라고 뉴턴이 말한 것처럼 열정 없이 큰일을 이루는 법은 없다. 열정은 삶에 필요한 원동력을 보충해주고, 한 단계 더 승화된 삶과 정신적인 경지를 제시

한다. 모든 고상한 열정은 열광의 단계를 지나쳐 더욱 더 지혜롭고 진지하게 결정화 된다. "천재의 배출은 열심의 결과로 이루어진 것이다."라는 말이 있지 않는가.

과감한 결단

과단성 있고 예민한 여성은 좋은 기회가 찾아오기를 결코 앉아서 기다리지 않는다. 그들은 자신에게 있는 조건을 최대한으로 활용하며, 언제나 신속하고 정확한 행동을 취한다. 행동에는 결과가 따르고 그 결과는 자신이 책임져야 한다. 자신의 행동에 대해서는 전적으로 책임지려는 의지를 가져야 한다. 그로 인해 더 좋은 결실을 맺을 수 있는 것이다.

어느 지혜로운 사람이 다음과 같이 말했다. "과단성이라는 성격은 생명이 성장하는 과정에서 지극히 중요한 부분이며 대단히 필수적인 것이다. 비록 때로는 우리의 결단이 잘못된 것일 수도 있지만 대체적으로 결정을 하지 않는 것보다는 낫다." 강한 의지를 지닌 사람들이 무엇인가를 하고자 하면 곧바로 행동을 취하는 이유다. 아무것도 하지 않는 것보다는 시원하게 세상과 맞서는 것이 낫다. 지혜로운 머리도 중요하지만 과단성 있는 결단력이야말로 무엇과도 바꿀 수 없는 능력이다.

성패成敗에 대한 초연한 마음

승리를 쟁취하는 것은 매우 중요하지만, 그 과정에서 더러는 대가를 치를 때도 있다. 이때 승패와 득실에 연연해하지 않고 초연해질 수 있다면 한층 더 높은 정신적 경지로 발돋움 할 수 있게 된다. 이는 차후 더 큰 의미의 성공을 이루게 해줄 것이다. 성공을 바라고 실패를 두려워하는 마음은 누구에게나 있는 인지상정이다. 하지만 인생이라는 긴 여정에서 성패는 단지 순간에 불과하다는 것을 알아야 한다. 만일 일시적인 성공이나 실패를 영구적인 것으로 여긴다면 세상 사람들의 웃음거리가 될 뿐이다.

이기고 지는 것은 생명의 순환 과정이며, 인생은 이러한 성패가 반복되어 이루어진다. 끊임없이 성패가 뒤바뀌는 혼잡한 세상 속에서 살아가는 우리에게 평화로운 마음의 경지를 유지하는 일은 매우 중요하다.

성공한 여성들 대부분은 무엇인가를 추구하고자 하는 커다란 욕구를 지니고 있다. 직장생활이나 일상생활 속에서 명예는 늘 우리를 향해 유혹의 손짓을 한다. 중요한 것은 바로 그 유혹을 물리칠 수 있느냐 하는 점이다.

명예와 이익에 두 눈이 멀지 않고 담담하게 대처하며 사람으로서의 도리를 다 해나간다면 올바른 인생 궤도로부터의 탈선을 미연에 방지할 수 있다. 명예와 이익은 영웅에게 뒤따르는 후광과도 같은 것으로 그들의 마음속에 잠재되어 있는 일종의 콤플렉스라 할 수 있다. 명성은 불과도 같아서 일단 불이 붙으면 그 불꽃을 유지하기가 쉽지만, 꺼져버리는 그 순간 다시 그 불꽃을 되살리기가 힘들다.

열정 또한 그러하다. 삽시간에 불타오르기도 하지만 어느 순간 원래 없었던 것처럼 사라져버리기도 한다. 언제든지 열정을 받아들일 수 있도록 준비를 다해야 한다. 한번 거세게 타오른 열정은 오래도록 남아 후세에게까지 그 온기를 전할 것이다.

One Point Lesson
좋은 평판은 당신이 가질 수 있는 최고의 보물이다.

낙관의 **힘**

낙관론자가 세상을 변화시킨다

낙관론자는 좋은 것을 찾는 사람을 의미한다. 낙관적이면 어려움에서도 밝은 빛을 바라볼 수 있고 역경 속에서도 출구를 찾아낼 수 있다. 또한 자신의 장점을 발휘하고 자신의 열정을 격려하여 내면 속의 잠재력을 발굴해낼 수 있다. 당신이 낙관적이라면, 주위 사람들을 매료시키고 감동시킬 수 있어 그들의 이해와 지원도 쉽게 얻어낼 수 있다. 이것은 단순한 마인드만으로 얻을 수 있는 엄청난 이득이다. 낙관에는 비용이 들지 않는다. 그저 본연의 자리를 즐기면서 삶을 관조하기만 하면 누구나 실천할 수 있는 마음이다.

낙관은 의지의 문제이고 비관은 감정의 문제이다. 사람은 행복한 생각을 하면 행복해지고 슬픈 생각을 하면 슬퍼진다. 당신은 당신이 생각하는 대로 이루어질 것이다. 자신에게 긍정적으로 말하고, 긍정적인 생각을 하도록 노력하자.

칼릴 지브란Khalil Gibran은 말했다. "당신이 태양을 등지고 있을 때 당신은 그저 자신의 그림자만 볼 수 있다." 이 말은 우리의 자세가 우리의 환경을 만든다는 의미를 담고 있다. 우리는 낙관적인 태도로 인생을 대하는 방법을 선택해야 한다. 오직 그렇게 해야만 우리는 생활 속의 아름다움을 발견할 수 있다. 낙관이란, 근본적으로 인생은 좋은 것이요, 결국 인생 속에 있는 선이 악을 정복한다는 믿음에 근거한 철학이다. 그것은 모든 어려움, 모든 고통 속에서 어떤 좋은 것이 포함되어 있다는 것을 전제로 한다.

감사하고, 또 감사하라

이 세상은 그 자체가 기적일 것이다. 그러므로 세상은 보답이 뭔지 알고 감사해하는 이에게만 두터운 사랑을 베풀어준다. 만일 우리가 진정 감사하는 마음으로 매일 떠오르는 아침 해를 맞이하여 당연히 짊어져야 할 모든 책임을 진다면, 당신은 이 세상이 얼마나 아름다운지 발견할 수 있을 것이다. "감사는 예의 중에 가장 아름다운 형태이다."라고 J. 마르뎅이 말한 것처럼 감사는 과거를 향한 덕행이 아니라 미래를 살찌게 하는 덕행이다.

감사하는 마음을 지니게 되면 간단한 말 한마디도 신비한 역량으로 가득 넘쳐나게 만들고, 사소하고 잡다한 일들조차 순식간에 친밀감을 느끼게 만들어준다. 영국의 작가 새커리Thackeray는 말했다. "인생은 하나의 거울이다. 당신이 웃으면 따라 웃고, 당신이 울면 따라 운다." 그렇게 감사는 인생을 아름답게 변화시켜 준다.

가장 축복받는 여성이 되려면 먼저 가장 감사하는 사람이 되자. 감사 없는 소망은 의식 불명의 소망이요, 감사 없는 믿음은 줏대 없는 믿음이요, 감사 없는 생애는 사랑이 메마른 생애이다. 어떤 아름다운 것도 거기서 감사를 빼면 내면의 절음발이로 전락한다.

낙관, 세상을 아름답게 만들고 모두를 웃게 만드는 놀라운 의지이다. 이를 실천하여 세상 모든 것에 감사하고 당신의 내면까지 충만하고 인간답게 가꿔보도록 하자.

One Point Lesson
성공은 가만히 앉아 있는 사람이 아닌, 성공을 향해 전진하는 사람에게 찾아온다.

세상의
중심에 서라

내공을 갖춘 리더가 되자

누군가를 리드하기 전에 자신의 인생을 리드하라. 내 인생에 대한 책임은 내가 확실하게 지고 있는가? 삼십 대 여성에게만 아니라 리더를 희망하는 모든 사람에게 묻고 싶은 말이다.

리더로서의 열정, 멘토로서의 역할, 커뮤니케이션, 인맥, 영향력, 무게감은 리더의 기본 조건이다. 이제 나만의 키워드로, 나만의 고유한 표현이 뒤따르는 매력적인 리더가 되어야 한다. 사회는 그런 리더를 찬양하고, 더 따르기 때문이다. 리더가 되기 이전에 이미 당신은 전문가가 되어 있어야 한다. 당신이 잘하는 일에 집중하게 되면 주변에서 먼저 당신을 알아줄 것이며, 당신이 리드해주길 바랄 것이다.

진정한 리더가 되고 싶다면 우선 자신이 가장 잘하는 일에 집중하라. 성공한 여성들은 공통적으로 자신의 인생을 주도한다. 일을 할 때는 한 치의 오차도 용납할 수 없을 정도로 치밀하고 정확하게 일하고 결과에 대해서는 냉정하게 판단한다. 나를 뛰어넘어 타인을 리드하려면 많은 내공이 필요하다. Hollander & Julian은 "리더십이란 두 사람 이상의 사람들 사이에서 영향력을 발하는 관계의 존재"라고 정의 내린 바 있다. 함께하는 사람 사이에서 따뜻한 감정이 흐를 수 있게 하는 것이 좋은 리더인 것이다.

높고 넓게

어떤 영역이든지 정상까지 가본 여성은 성공할 가능성이 높다. 한 분야에서 갖은 역경의 시간을 견딘 경험이 또 다른 어려움을 견딜 수 있는 내공이 된다. 리더십은 장기적으로 지속적인 성과를 보장해야 하기 때문에 자신의 리더십이 여성적인 성향이 많으면 남성적 리더십을 보완하여야 하고 남성적 리더십을 발휘하고 있다면 여성적 리더십을 갖추기 위해 노력해야 한다. 이 시대는 여성의 따뜻한 감성과 남성의 냉철한 이성을 두루 겸한 리더를 원하기 때문이다.

진정한 프로가 되자

프로는 만족하는 수준이 아닌, 필요로 하는 수준이어야 한다. 그게 바로 프로다. 여성이니까 실수하더라도 용서해주겠지 하는 마음은 버려야 한다. 이런 사고가 여성 리더의 성장을 가로막는 장애물인 것이다. 그런 생각은 조직에서의 경쟁력을 떨어뜨리고 일을 와해시킨다.

　미래는 당신이 지금 무엇을 생각하고 행동하고 있느냐에 따라 결정된다. 당신의 인생은 당신이 희망하는 곳으로 천천히 옮겨간다. 진정한 리더를 꿈꾼다면 당신을 믿고 함께하려는 사람들을 책임질 만큼 강해져야 한다.

　남들이 추켜 세워주고 인정한다고 해서 정체해서는 안 된다. 다른 사람들로부터의 인정이 아니라 스스로가 인정할 수 있는 능력과 경험을 쌓아야 한다. 한 자루의 칼이 만들어지기까지는 1,800도가 넘는 뜨거운 불과 수천 번의 쇠망치질 을 견뎌야 한다. 우리 스스로 강해지기 위해서는 그에 상응하는 고난과 역경을 견뎌내야 한다. 리더십은 그 과정을 통해 자연스럽게 당신의 몸에 깃들 것이다.

　얼마전 요리스 디엑스 BNP 파리바 한국 지사장 특강을 접했다. 그는 "인생은 계획대로 흘러가지 않는다. 예상치 못한 기회가 왔을 때 놓치지 않기 위해서 철저히 준비가 돼 있어야 한다."면서 준비된 인재 의 중요성을 강조했다. 또한 "나만의 멘토를 정하라." 했다. 프로가 되기 위한 지름길은 그의 말에 모두 담겨 있다.

One Point Lesson
배우려거든 사리에 맞게 묻고, 조심스럽게 듣고, 침착하게 대답하라. 그리고 더 할 말이 없으면 침묵하기를 배워라.

목표가 있는 **삶**

목표가 있다면 실패마저 값지다

실패를 통해 얻은 경험은 값을 헤아릴 수 없는 소중한 보물과도 같다. 어떤 목표도 좌절과 방해를 겪지 않고 이루어지는 법은 없다. 중요한 것은 수차례 실패를 하더라도 끝까지 목표를 잃지 않는 것이다.

구체적인 형태로 목표를 세우고 기한을 정하라. 목표를 추구하기 위해서는 경쟁을 피하고 논쟁은 유익할 때에만 쓰고, 쓸데없는 말은 하지 말고 모든 일 처리를 자연스럽게 순서대로 처리한다. 의지는 깊이 생각하여 결정한 일은 실행해야 한다.

시간을 유용하게 쓰고 낭비하지 말며, 무슨 일에든 부지런히 해야 하려면 명확한 목표가 필요하다. 목표를 향해 나아갈 때에는 성심을 다하며 남을 속이지 말고, 상대에게 손해를 끼치지 말고 온화하게 한 걸음 한 걸음을 내딛어야 한다. 자신의 몸을 항상 깨

꾿이 하고 작은 일에는 마음을 쓰지 않으며, 피치 못할 일에 부딪치는 경우라도 마음을 가다듬어 경솔한 행동을 삼가며 계획을 실행하다 보면 목표했던 지점에 도달할 수 있을 것이다.

작은 목표부터

최소한 한 가지는 이루겠다는 목표를 세워보자. 서비스 업종에 있는 직장여성은 고객에게 하루에 최소한 한 가지 서비스를 하겠다는 목표를 세워본다. 개개인의 이야기에 귀를 기울여 모든 주의력을 집중하면 상대에 대해 많은 정보를 알게 되고 할 수 있는 일을 발견하게 될 것이다. "나는 할 수 있다. 나에게는 저력이 있다. 나에게는 오직 전진뿐이다." 이런 신념은 당신의 목표를 달성시키는 데 큰 힘이 된다. "너의 길을 걸어가라. 사람들이 무어라 떠들든 내버려두어라."라고 A. 단테가 말한 것처럼 목표를 향해 우직하게 걸어 가보자.

하루에 한 가지씩 무언인가 하기로 자신과 약속해보자. 약속 하나하나를 머릿속이나 수첩에 기록해두고 이행할 것을 스스로와 약속해보자. 전문성이 개발되고, 타인에게 의지하지 않게 되고, 자신의 힘으로 달성할 수 있는 목표가 구체화되는 것을 느낄 수 있을 것이다.

명확한 목표가 팀워크를 강화한다

공유된 가치가 팀을 강화시킨다. 비전은 방향과 확신을 줌으로써 임무를 이룩하는 과정에서 중요한 순간에 서로를 의지할 수 있게 만든다. 리더의 역할을 부여받았다면 팀이 합당한 보상을 받을 수 있도록 신경 써야 하며, 중요한 사안은 팀 전체와 상의하고 의지해서 결정하도록 한다.

겁이 많거나, 게으름 때문에 목표가 없이 방황을 거듭하는 사람들이 팀워크를 어지럽힌다면 작은 일도 이룩하기 어렵다. 뜻을 세운다는 것은 목표를 선택하고, 그 목표에 도달하도록 할 행동 과정을 결정하는 것이다. 결정한 다음에는 목표에 도달할 때까지 결정한 행동을 계속 이어가기만 하면 된다. 리더는 팀원들의 개인적인 성향을 잘 파악하고 그들이 어떠한 목표를 세웠는지, 그 목표가 팀 전체의 목표와 부합하는지 잘 따지고 조율해야 한다.

개인은 물론이거니와 팀에게도 중요한 것은 지구력이다. 지구력 없이 존재하는 것은 아무 것도 없다. 목적 없이 행동하지 말고, 절대 멈추지 마라. 계속 걸어가라. 그리하면 도달할 것이다.

One Point Lesson
목표를 점검하고 매일 실행하고 있는 긍정적인 계획을 기록해 보는 것이 지구력이다.

진짜 인생은
서른 이후에

삼십 대, 열정의 무대

　서른 살. 영혼이 무르익고, 진정성 있는 사랑도 새로이 시작될 수 있는 나이다. 인생의 1/3가량이 흐른 나이이기도 하지만 본격적인 인생을 시작하는 나이이기도 하다. 요즈음은 자신의 나이에 7~8을 곱한 후 10으로 나눈 나이가 진짜 나이라는 말이 있다. 예를 들어 지금 '39세'라고 하면 7을 곱하고 10으로 나눠 '27.3세'라는 식이다. 이렇게 생각하면 무엇을 시작하건 결코 늦은 시기는 아닌 듯하다.

　"여성의 인생은 서른 이후부터 시작된다."는 말이 있다. 때론 여성들은 시작조차 해보지도 않고 꿈을 포기하거나 인생을 두려워하는 경우가 종종 있다. 그러나 이제는 용기를 내야 한다. 여성의 인생에서 무한정 아름다운 시기는 바로 지금이다. 자신을 돌아보고 자신의 인생을 위해 행복을 찾아 적극적이고 당당하게 살아야 한다.

오롯이 삶에 집중하라

"어떤 일에 열중하기 위해서는 그 일을 올바르게 믿고, 자기는 그것을 성취할 힘이 있다고 믿으며, 적극적으로 그것을 이루어 보겠다는 마음을 갖는 일이다. 그러면 낮이 가고 밤이 오듯이 저절로 그 일에 열중하게 된다."라고 데일 카네기가 말하지 않았던가.

아무런 생각도 없이 그저 남이 만들어 놓은 길을 따라 가기보다는, 현명하게 자신의 길을 선택해서 걸어가도 늦지 않다. 열정이 생기면 새로운 길을 찾아 다시 달리고 싶은 욕구가 생길 것이다. 서른 이후 여성들이 자신의 인생을 찾을 수 있는 새로운 용기와 확실한 실행을 통해 인생의 무대는 열정을 다시 갖게 하는 시기가 30대 이후부터인 것이다.

진짜는 이제 시작된다. 두려워 말고 본인이 있어야 하는 자리로 달려가라. 모두가 그대를 응원할 것이다. 싸우지 않고 사람의 마음을 사로잡는 능력도 성공을 위한 관계의 기술도 협력을 이끌어 내면서 효과적으로 접할 수 있는 방법을 법칙을 아는 매력적인 시기임을 놓치지 않아야 한다.

One Point Lesson

나약한 태도는 성격도 나약하게 만든다. 스스로 강하게 여유 있게 자신의 인생을 만들어나가자.

목적불변

현실은 꾸는 꿈만큼만 이루어진다

　시종일관 일관성 있는 꿈을 꾸면 행동도 그것을 이룰 수 있는 쪽으로 발달된다. 이를 통해 꿈은 현실로 이어져, 마침내 현실을 바꿔낸다. 미래를 바꾸려면 확고한 목표를 세우고 자신이 가지고 있는 모든 자원을 꿈을 향해서 쏟아 부으면 된다. 꿈은 미래의 청사진이다. 어떤 미래를 꿈꾸느냐에 따라 현실은 바뀌게 되어있다.

　자신의 꿈이 이미 이루어졌다고 믿고 행동하다 보면 매순간 달라진 자신의 모습을 보게 된다. 꿈을 이루기 위한 의식을 반복하고 이를 확장하면 스스로 변화를 겪게 되며, 행동이 바뀌면 운명 또한 바뀐다. 그 운명이 꿈인 것이다. 과거의 행동이나 말에 의해서 안 좋은 에너지가 있다면, 지금 바꿔나가도록 하자. 자발적으로 계발한 습관만이 자신을 지배할 수 있다. 사람을 강하게 만드는 것은 사람이 하는 일이 아니라 하고자 노력하는 것이다. 그리고 사람들이 진심으로 서로 신뢰할 때 속도가 생긴다. 인간의 삶은 대체로 스스로에 대해서 상상하는 그대로 이뤄진다.

현실보다 뚜렷하게 상상하라

승진이 목표라면, 승진한 자리에서 일하고 있는 당신의 모습을 그려보라. 꼭 '이미 이루어진 것처럼' 생각해야 한다. 스스로 긍정적인 시각화를 믿기 시작한다면, 그것은 자신의 것이 된다. 이를 삼 주 이상 반복해야 습관이 된다. 목표는 새로운 비전을 만드는 것이다. 날씬하고 균형 있는 몸매를 목표로 정했다면, 그 모습처럼 건강하고, 날씬하고, 균형 있는 몸매를 가진 당신의 모습을 늘 그리자. 그 상상이 일상이 된다면 당신이 이미 그 목표를 향해 저돌적인 에너지를 뿜어낼 수 있다.

커리어우먼이 목표라면, 일하고 있는 당당하고 멋진 당신의 모습을 그려보라. 리더로서 동료들과 함께 일하는 상황들을 상상해 보면, 목표에 도달한 모습의 시각화가 이루어진다. 사랑하는 사람들에게 둘러싸인 채 맘껏 성공을 만끽하는 당신의 모습을 통해 꿈은 더욱 구체적인 결과로 나타날 것이다.

희망은 인간의 꿈이다. 꿈이 있는 한 아무리 어려움을 겪더라도 도전해 볼 만하다. 어떠한 일이 있더라도 꿈을 잃지 말아야 한다.

꿈은 희망을 버리지 않는 여성에게 주는 선물이다. 목적을 꾸준한 열정으로 변하지 않는다면 성공해 있는 미래의 모습을 그려질 것이다.

큰 희망이 큰 여성을 만든다. 희망은 어떤 상황에서도 필요하다. 희망을 품지 않은 자는 절망도 할 수 없다. 절대 누군가에게서 희망을 빼앗지 말라. 가진 것의 전부일 수도 있으니.

One Point Lesson
지금 당장 막막하다고 생각해도 자기가 하고 싶은 희망을 크고 높게 잡자. 성공한 여성들의 특징은 항상 희망을 꿈꾸고 준비한다는 것이다.

나의 **신념**

신념, 성공한 자의 종교

자기가 하는 일에 신념을 갖지 않으면 안 된다. 괴테는 "누구나 자기가 하는 일이 좋다고 굳게 믿으면 힘이 생기는 법이다."라고 말했다. 성공의 비결은 목적을 향해 시종일관하는 것이다. 한 가지 목표를 버리지 않고 지켜 나간다면 반드시 싹이 틀 때가 온다. 사람이 성공하지 못하는 것은 처음부터 끝까지 한길로 나가지 않았기 때문이지 성공의 길이 험악해서가 아니다. 부지런하고 신념을 가진 여성에게는 인생은 너무나 짧다.

그러나 게으른 사람, 신념이 없는 사람에게는 인생이 천 년이라도 만 년이라도 그 시간은 의미를 갖지 못한다. 하루하루가 겹쳐 한 달이 되고 일 년이 되고 십 년이 되듯, 인생의 위대한 사업도 서서히 그러나 꾸준히 변함없이 계속해 나가는 동안에 드디어 열매를 맺는다.

여성의 성공시대, 신념으로부터

　여성은 자신이 하는 일에 대하여 신념을 가져야 한다. 누구나 자신이 옳다고 확신하는 일을 실행할 만한 힘을 가지고 있다. 자신에게 그 같은 힘이 있을까 주저하지 말고 앞으로 나아가라. 게으름과 나태함을 벗고 신념의 문을 열면, 당신도 성공의 반열에 발을 딛게 될 것이다.

　승진을 하거나 월급을 많이 버는 것으로 자신감은 얻을 수 있겠지만, 신념은 얻을 수 없다. 신념은 본인 스스로가 가꾸고 만들어야 하는 것이다. 이는 외부에서 오지 않는다. 신념은 열정의 근원이다. 열정이 없다면 그 무엇도 이룰 수 없다. 이제 나만의 신념으로 사그라지지 않는 끝없는 열정을 품고, 정상에 우뚝 서보자.

One Point Lesson
크게 생각하라. 작게 생각하는 것보다 결과치가 크다.

우리들 앞에 놓여 있는 가장 중요한 문제는 다음과 같다.
"우리는 올바르게 살고 있습니까?
우리가 삶이라고 부르는 이 짧은 시간에
우리는 우리를 세상에 보낸
힘의 의지에 순종하며 실행하고 있습니까?"

- 톨스토이

PART
02

열정에
열정을 더하라

실행이 곧
열정이다

차별화된 아이디어로 목표를 세우자

인간은 누구나 인생의 목표가 있으며, 하고 싶었던 일을 한다. 인생의 목표는 성과를 만들어내는 데 큰 역할을 한다. 목표를 현실화시키기 위해서는 최소의 시간으로 최대의 성과를 거둘 수 있는 실행의 열정을 가져야 한다. 다른 분야에서 누군가가 큰 성공을 거둔다면 그것은 자기만의 창의성을 실행했기 때문이다. 성공을 위해서는 하고 싶은 일이나 즐겁게 일할 수 있는 일을 택해야 한다.

최대의 성과를 거두기 위해서는 무엇보다 성공으로 다가서기 위한 나만의 혁신적인 방법부터 생각해야 하며, 절호의 기회를 잡기 위해서 목표를 정하고 이를 실행에 옮겨야 한다. 독창적인 아이디어에서 비롯된 분명한 목표는 모든 성공의 출발점이다. 목표를 설정하는 것을 습관화하고 실천하면 시간의 본질을 이해하게 된다. 시간은 한번 지나가면 다시 돌아오지 않는 화살과 같은 것이다. 톨스토이는 "우리들 앞에 놓여 있는 가장 중요한 문제는 다음과 같다. 우리는 올바르게 살고 있습니까? 우리가 삶이라고 부르는 이 짧은 시간에 우리는 우리를 세상에 보낸 힘의 의지에 순종하며 실행하고 있습니까?"라는 물음으로 시간의 중요성을 강조했다. 대한민국 여성들이 성공으로 가는 길은 다양해졌으나 주어지는 시간은 여전히 많지 않다. 명확한 목표가 있다면 머뭇거리지 말고 당장 실행에 옮기자.

당장의 실행, 성공의 제스처

세계는 하나이며 주역은 나 자신이다. 우선순위를 정한 후 구체적이고 실현가능한 계획표를 만드는 한편, 뛰어난 아이디어를 개발하여 그것을 실행한다면 인생과 직장 모두 큰 도약을 이룰 수 있다. 어떤 일이든 긍정적으로 생각하고, 무슨 일이든 자신이 선택한 아이디어를 적극적으로 실행해야 한다. 아이디어의 좋고 나쁨은 어떻게 실행하느냐에 따라 결정된다고 해도 과언이 아니다.

실행은 곧 열정의 또 다른 말이다. 위대한 성공을 거둔 아이디어도, 그것이 전체 업무에서 차지하는 비중은 5%에 불과하다. 결국 모든 것은 실행에 달려있다. 실행이 곧 전부다.

One Point Lesson
인생은 크고 작은 선택의 연속이다. 그 선택의 순간마다 후회를 남기지 말자.

자신감의 **가치**

자신감으로 무장하자

진정한 자신감은 외부로 드러나는 성취와는 상관이 없다. 자신감은 자신이 가진 어떤 능력에 대한 신뢰가 아니라, 어떤 상황에서든 적극적으로 행동할 수 있다는 자신에 대한 믿음에 가깝다. 세상과 나 자신을 있는 그대로 수용함으로써 얻어지는 내적인 결과물인 것이다. 그것은 나 자신과의 약속, 내가 원하는 일, 필요로 하는 일은 뭐든지 최선을 다하겠다는 열정으로 이루어져있다.

자신감은 자신의 일에 대해 긍정적인 시각을 부여한다. 자신의 직업에 긍지를 가져야만 자신의 가치를 높일 수 있다. 그러기 위해서는 우선 비즈니스 여성들은 모두가 자기 분야의 전문가가 되어야 한다. 운동 경기라 치면 공격 과 수비 양면의 모든 기술에 뛰어난 선수가 되어야 하는 것이다.

이러한 마인드를 소명의식이라고 한다. 어떤 일이건 자신의 직무를 수행하는 데 필요한 지식과 기술을 갖추어야 한다. 소명의식과 더불어 천직의식도 가져야 한다. 이는 직업의 수입이 많고 적고 지위가 높고 낮더라도 자신의 직업에 긍지를 느끼며 일에 열성을 가지고 성실히 임하는 자세를 뜻한다.

성공을 위한 필수요소

"어떤 일을 하기에 앞서 스스로 그 일에 대한 기대를 가져야 한다."라고 마이클 조던이 말한 것처럼, 자신감이 받쳐준다면 세상을 살면서 겪는 그 어떤 일이건 용기 있게 대처할 수 있다. 실패를 두려워하지 않고 일에 집중하게 하는 자신감이 있다면 어떤 일이 벌어지더라도 세상과 자신을 있는 그대로 수용하며 최선을 다할 수가 있다.

자심감은 인생에서 성공을 이끌어내기 위해서 반드시 필요한 필수요소다. 자신감을 갖기 위해서는 부단한 노력으로 스스로가 만족할 수 있는 상태로 자신을 끌어올려야 한다. 스스로에 대한 만족, 그 가치를 알게 되면 유쾌하게 살 수 있으며 타성에서 자유로워질 수 있다.

One Point Lesson

선택을 하기 위해서는 사고력이 필요하다. 정확한 선택은 심사숙고를 통해서 이루어지지만, 우리에게 생각할 수 있는 충분한 시간을 주지 않는다.

용기와 인내

진정한 용기란

"용기란 인간이 행복을 누리는 데 중요한 구실을 하는 요소이다." 라고 쇼펜하우어Arthir Schopenhauer가 말한 것처럼 용기한 두려워하지 않는 기개이며, 어려움을 참고 견뎌내는 힘을 가리키는 말이다. 자신을 위해, 사랑하는 가족의 행복을 위해서 용기를 가져야 한다. 용기 있는 여성은 세상을 바꾸고, 누군가에게 끌려 다니지 않는 주체적인 인생을 살아간다.

물론 용기가 지나치면 경솔함이 될 수도 있다. 용감한 행동에 가장 큰 오해 중의 하나는 용기라는 가면을 쓰고 범하는 경솔한 행동들이다. 진정한 용기는 남 앞에서 잘 드러나지 않는 법이다. 누군가와 대화할 때, 화가 나는 상황에서 화를 참지 못하고 발산해버리는 여성들이 있다. 이런 사람들은 같은 상황을 잘 참아내는 사람보다 성공할 확률이 적다. 화를 내거나 감정을 여과시키지 못한 채 표현해내는 것도 용기가 부족한 경우에 생기는 일이다.

반대로 일단락 순간적인 화를 가라앉히고 이성적으로 문제를 짚어나가는 것이 진정한 용기라 볼 수 있다. 성공은 계속 버텨야만 얻을 수 있고 실패는 포기하는 순간 찾아온다. 용기 있는 여성은 그 때를 잘 알고, 움직여야 할 때 움직이는 법을 알고 있다.

인내하는 자만이 용감한 심장을 얻으리

필요할 때 용기를 낼 줄 아는 여성은 더욱 높은 평가를 받는다. 참는다는 것은 비굴한 것이 아니고 그 사람의 품성이며 인내심의 깊이를 보여주는 지표이다. 이것은 타고나는 성격이 아니다. 태어날 때부터 용기를 갖고 태어난 이는 없다. 모두가 꾸준한 노력으로 배양되는 것이다.

용기 있는 사람이 되려면 인내를 할 줄 알아야 한다. 축복은 고통, 손실 혹은 절망이 있어 그 진가를 드러낸다. 그러므로 지금의 고통과 손실 절망에 인내하라. 진실로 인내할 때 참된 축복의 맛을 느낄 수 있다.

성공한 직장여성은 용감한 심장을 가지고 있다. 훌륭한 인재는 테크닉만으로 인정받지 않는 법이다. 뛰어난 업무 능력만으로는 성공의 반열에 오를 수 없다. 성공은 계속 버티는 자에게 찾아오는 포상이다.

용기 있는 여성은 언제나 이성을 잃지 않고 참고 때가 올 때까지 기다릴 줄 아는 여성이다. 가장 잘 견디는 자가 무엇이든지 가장 잘 할 수 있는 사람이다. 스스로를 제어하는 인내와 용기로 성공의 때를 기다려라. 그 길에 오르기까지 감수했던 모든 고난들은 충분한 보상으로 되돌아 올 것이다.

One Point Lesson
용기는 인간이 가질 수 있는 가장 위대한 마음이다.

신체 관리력

성공한 삶의 첫째 조건, 건강

모든 만족은 건강으로부터 온다 해도 과언이 아니다. 건강을 위협하는 가장 큰 적은 스트레스가 아닐까 싶다. 현대인들은 만성적인 스트레스에 시달리며 살아간다. 스트레스를 많이 받는 직장여성은 잠만 잘 자도 이전보다 활기차게 하루를 지낼 수 있다.

쉽게 피로해지고, 적은 스트레스에도 바로 체력 고갈에 시달리는 사람은 본인이 잠을 잘 자고 있는지 체크를 해보자. 수면 부족은 신경과민을 불러와 면역력을 떨어트리고, 건강을 해쳐 업무에 큰 무리를 부른다. 무언가를 하기 위해서는 당신의 신체부터 건강해야 한다. 사랑을 하든, 성공을 하든, 몸을 잘 돌보고 조심해서 다뤄야 한다. 특히나 여성의 경우에는 신체적 구조상 여분의 에너지가 적은 편이라 평소 열심히 운동 하고 좋은 음식을 섭취해야 할 필요가 있다. 당연히 술과 담배는 자제하는 것이 좋다.

건강하면 하는 일의 의욕도 상승한다. 활력 있는 신체활동은 자신감을 증진시키기 때문에 심리적 안정감과 자신감을 준다. 실제로 다양한 운동은 심리치료 요법으로도 많이 활용된다.

적절한 운동은 인간의 본능 속에 잠재된 강렬한 신체활동과 자기표현 욕구를 충족시키는 중요한 역할을 하며, 창조적 문화 형성과 발전의 원동력이 된다. 신체의 건강이 만사의 즐거움과 기쁨의 원천인 셈이다.

건강을 유지하려면

삶의 최대 만족은 본인이 건강할 때 이루어진다는 것을 명심하자. 건강을 위해서는 우선 운동을 해야 한다. 운동의 효과는 셀 수 없이 많다. 필사적일 필요는 없겠지만 자신을 사랑한다면 정기적으로 운동을 하는 것이 필요하다. 운동은 육체와 정신기능의 쇠퇴를 보호할 뿐 아니라 에너지를 향상시킨다.

근육을 강하게 단련시키면 삼십대부터 젊음과 아름다움을 유지할 수 있어 미용과 자신감의 증진에도 큰 도움을 준다. 체중 유지와 질병에 대처하는 면역력을 높이기 위해서는 적당한 운동과 자연 식품의 섭취가 필수다.

수면은 피곤한 심신을 회복시키는 가장 좋은 방법이다. 에너지를 재충전시키는 수면은 자신을 관리하는 또 하나의 지혜이다. "현명한 사람일수록 잠을 잘 잔다."는 생물학자들의 연구 결과도 있다. 어리석은 일 중에 가장 어리석은 일은 이익을 위해 건강을 희생하는 것이다. 이제 본인의 인생과 성공한 미래를 위해 건강부터 챙기는 습관을 들이자.

One Point Lesson

인생은 늦거나 빠른 것은 중요하지 않다. 빠르면 빠른 대로 느리면 느린 대로 저마다 다른 의미가 있다.

독서하는 사람이
세계를 지배한다

평생의 멘토, 한 권의 책

현명한 사람들은 책을 읽는 과정에서 얻어지는 중요한 산물 즉 어휘 확장, 정보습득 등을 즐긴다. 이는 독서를 통해서만 얻을 수 있는 의미 있는 것들이다.

직장여성은 가능한 한 책이라는 멘토를 많이 확보하는 것이 좋다. 책을 통하여 얻고 싶은 정보를 충분히 얻고, 사색하는 일을 즐기자. 내키지 않고 눈에 잘 들어오지 않더라도 다양한 분야의 책을 꾸준히 읽는 습관을 들이자. 지금 당장은 본인의 삶에 필요하지 않은 지식이더라도 언젠가는 반드시 유용하게 쓰일 것이 다양한 책 속에 모두 들어 있기 때문이다.

콘서트는 순간의 즐거움을 주지만 독서는 영원한 지혜의 즐거움을 안겨준다. 책 읽는 목적을 정확히 하고 독서를 하면 자신도 모르는 사이에 커다란 성장을 한다.

책이 없는 방은 영혼이 없는 육체와도 같다. 독서하지 않은 영혼은 늘 공허하다. 꿈에 대한 열정이 있으면 자연히 책을 접하려고 노력하게 된다. 특히나 자신의 관심 분야에 대해서는 더 많이 그리고 자세히 알고 싶은 것이 사람의 심리다. 다독하는 여성은 자신의 독서 스타일도 파악하여 비교적 효율적으로 책을 읽는다. 자기가 원하는 필요한 부분만 먼저 읽고 생각하고 또 읽고 생각하기도 하고, 필요한 부분에 대한 메모를 해서 기억의 직속력을 기르기도 한다.

제대로 된 독서법

폭 넓은 성공을 이루기 위해서는 그만큼의 독서량이 뒷받침되어야 한다. 효과적인 독서방법을 알아두는 것도 좋다. 먼저 서문을 읽고 저자가 무엇을 말하고자 하는지 파악한 다음 목차를 보고 그 내용을 읽고 가장 맘에 드는 항목을 골라 읽어보자. 필자가 추천하는 효과적인 독서 방법으로 짧은 시간에 다양한 책을 읽을 수 있고 필요한 부분을 골라 읽는 방식으로 기억이 더욱 오래간다. 저자와의 공감대를 형성하고, 활자 속에서 오감을 다 느끼며 읽는다면 더할 나위 없이 좋다.

스스로 이야기의 주인공과 동화되어 책이 전달하려는 메시지와, 주제의식을 받아들이는 긍정적인 자세도 중요하다. 물론 유익하지 않은 책들도 있다. 당신이 읽기 싫고, 재미가 없고 도움이 안 될 것 같다면 굳이 읽지 않는 것도 바람직하다.

생각하지 않고 읽는 것은 잘 씹지 않고 먹는 것과 같다. 책을 읽을 때마다 마인드맵을 형성하는 것이 좋다. 당신이 하고 있는 일과 연계하여 책을 읽으면 좋은 아이디어를 얻을 수 있다. 혼자 읽는 것으로 그치지 말고 읽은 내용 중 유익한 것은 주변이나 회사 동료와 공유하면 복습 효과도 얻을 수 있다.

중요한 부분 중심으로 요약해 두면 자신의 업무나 새로운 일을 기획할 때 사용할 수 있다. 이를 업무를 수행할 때 신선한 아이템으로 활용하도록 하자. 번득이는 아이디어를 하나씩 얻어갈 때마다 책의 힘을 느끼게 될 것이다. 좋은 책은 반복해서 읽으면 읽을 때마다 새롭다. 책을 통해 새로운 시야가 열리게 된다.

출퇴근하는 지하철과 버스 안에서 게임이나 인터넷을 하며 시간을 버리고 성공에서 멀어지는 우를 범하지 말자. 책 읽는 시간은 따로 있는 것은 아니다. 가능한 시간을 잘 효과적으로 이용하는 것이 바람직하다.

회사에 적용할 수 있는 전문 서적 세계 석학들의 자기개발, 여성리더의 성공사례, 미래가치, 프레젠테이션, 세계 미래 예측, 비즈니스 우먼에 관련된 사랑, 예술, 건강, 문화, 스포츠 등 너무 많은 멘토가 기다리고 있지 않은가. 도움이 될 수필집 또는 자서전 등 자기의 지적 향상을 위해 읽어야 할 좋은 책을 선택해서 최대한 읽고 또 읽자. 주위에 성공한 여성들을 돌아보자. 그녀의 가방에는 항상 한 권 이상의 책이 들어 있을 것이다.

One Point Lesson

세상은 당신이 생각하는 것보다 훨씬 광범위하다. 그 세계가 책에 의해 움직이고 있다는 것을 알아야 한다.

직업이란

가치와 보람을 찾아서

인정받고 성공하고 잘살고 싶다면 먼저 직업을 가져야 한다. 일이란 인생 그 자체다. 직업은 돈, 성공 그리고 행복한 인생을 거머쥘 수 있게 하는 보증수표다. 또 직업은 당신을 성공으로 이끄는 수단이며 생활을 윤택하게 해주는 도구다.

직업이란 말은 사회적 지위와 직분을 맡아 수행하는 사회적 역할을 의미하는 '직職'과 생계의 유지를 의미하는 '업業'으로 이루어진 말이다. 이처럼 사회적 지위나 직무를 나타낸다는 점에서 직업은 일이나 노동과는 다른 의미를 지니고 있다.

현대 산업사회에 있어서 직업이란 말은 매우 포괄적인 의미로 다양하게 쓰이고 있다. 현대사회의 직업이란 생계의 유지와 사회적 역할분담division of labor을 도모하며, 무엇보다도 개인의 자아실현을 목표로 하는 지속적인 육체적, 정신적 노동을 의미한다. 살아가는 데 어차피 일을 해야 한다면, 반사회적인 일이나 무기력한 일보다는 가치 있고 보람찬 일을 하는 것이 인생을 더 충실하게 가꿀 수 있을 것이다.

잘하는 일에 매진하자

직업에는 귀천이 없다. 당신이 좋아하고 관심이 있으며, 잘하고 싶은 분야라면 타인의 눈을 의식하지 말고 최선을 다해 그 일에 매진하라. 유독 우리나라는 투철한 직업의식이나 장인정신을 요구하는 몇몇 직업을 천직으로 여기는 문화가 자리 잡고 있다. 그에 반해 일본에는 자그마한 스시 집을 운영하는 곳도 몇 대째 이어져 오는 곳이 많다.

그것은 장인정신을 바탕으로 형성된다. 조그맣고 하찮아 보이더라도 그 속에는 무엇과도 비교할 수 없는 인간의 정신과 숭고한 직업의식이 담겨있다. 당신의 직업에도 바로 그 의식을 더해야 한다. 그래야만 최고의 자리에 우뚝 설 수 있는 것이다. 직업의 의의는 생계의 수단, 사회적 기여, 자아실현이다. 청년 실업이 극심한 이 사회에서 일을 한다는 것은 그 자체가 매력적이다. 자신이 하는 일에 대하여, 일을 한다는 것 자체에 대하여 즐거움을 가져야 한다.

모든 일에는 어려움이 따르기 나름이다. 성공의 관건은 그 어려움을 이겨낼 수 있느냐에 달려있다. 반드시 이기겠다는 신념을 가지자. 장애물을 디딤돌로 활용할 수 있을 정도로 경험을 축적하고 본신의 능력을 갈고 닦는다면, 당신은 세상의 중심에 설 수 있을 것이다. 본인의 결정으로 직업을 택했다면, 두려움을 강한 자신감으로 바꾸고 좀 더 적극적으로 자신의 자리를 개척해 나가는 적극적인 인생을 살아야 한다. 그렇게 한다면 모든 것을 초월한 일의 즐거움을 맛보게 될 것이다.

One Point Lesson

최후의 승리는 인내하는 사람에게 돌아간다.

예절과 매너로
상대를 매혹하자

첫인상이 모든 인상의 절반이다

  사람과 마주하는 일이 많은 직업을 가지고 있다면 상대방과 접촉하는 첫 10초에 집중해야 한다. 고객에 향해 어떻게 인사를 하고 어떤 미소를 지었으며 어떠한 방식으로 대화를 시작하였는지 꼼꼼히 체크해야 한다. 첫인상에서 좋은 느낌을 주었다면 이후의 서비스는 한결 수월할 것이다.

  서비스 전반에 관해서는 하루 일과가 끝나면 시간을 내어 고객에 대한 서비스가 어떠하였는지 동료들과 이야기를 나눠보자. 오늘 하루 어떤 긍정적 행동들을 했었는지 떠올려보고 여러 가지 좋은 아이디어를 목록에 작성해도 좋다. 그것을 다음날 아침 팀원들과 함께 나누어 보자. 의견을 조합하는 과정에서 본인의 직업에 대해 새삼 감동이 느껴질 것이다. 그만큼 사람을 대하는 일은 어려우며 또한 그 어떤 직업보다 감동적으로 다가오는 것이다.

올바른 예절과 매너는 진실 된 마음에서 온다

모든 예의는 진실 된 마음에서 오는 것이다. 그것의 또 다른 이름이 바로 서비스이다. 순수한 예의는 밖으로 흘러나와 행동으로 나타나게 된다. 몸에 베이고 습관이 된 예절과 매너는 상대방에게 큰 감동을 선사해 좋은 결과로 이어진다. 친절한 서비스는 성공을 결정하는 필수 요소로 당신과 회사를 살린다. 서비스 경쟁이 치열해지는 것도 모두 이 때문이다. 너그럽고 상냥한 태도와 사랑을 지닌 마음은 자신의 외모를 아름답게 만들고 평범한 고객을 충성심 가득한 고객으로 만든다.

예절과 매너를 습관화하기 위해서는 타인과의 협력을 어떻게 하면 잘 이끌어 낼 것인가를 생각하고 실천하는 것이 중요하다. 그렇게 하기 위해서는 가장 먼저 그 사람과의 거리를 좁혀야 한다. 이와 같은 맥락에서 인간관계를 맺을 때 얼굴을 마주보는 것은 기초 중의 기초이다. "가장 이상적인 생활 태도는 물과 같은 것이다. 물은 만물에 혜택을 주면서 상대를 거역하지 않고 사람이 싫어하는 낮은 곳으로 흘러간다. 물처럼 거스름이 없는 생활 태도를 가져야 실패를 면할 수 있다.'라고 노자가 말한 것처럼 얼굴을 면한 상대방에게 편견 없이 친절하게 다가서는 연습을 해보자. 또한 처음 대면하는 상황을 설정해 역할극을 해보는 것도 방법이다. 이렇게 좋은 아이디어를 실제 상황에 적용해본다면 서비스의 질이 한층 더 높아질 것이다.

관계의 본질

친절은 기본이고, 그 다음으로 중요한 것은 무엇을 위해 상대방과 관계를 하려는가를 정확히 파악하는 것이다. 한순간 스쳐 가더라도 아무런 의미 없는 인간관계는 없다. 내가 왜 이 사람과 대화를 해야 하고, 무엇을 전하고 알려야 하는지를 망각한다면 그것은 그저 시간낭비에 불과한 친분 맺기에 지나지 않는다. 사적인 만남이라면 상관없지만 업무를 바탕으로 분명한 목적 없이 사람만 만나는 일은 지양해야 한다.

올바른 예의와 자세를 갖추었다면 만남이 없는 순간에도 항상 누군가를 맞이할 준비를 하자. 아무런 준비 없이 기회를 기다리는 것은 그물 없이 고기를 잡으려는 것과 같다. 기회는 찾아오는 것이 아니라, 내가 만들고 붙잡는 것이다. 단 한 번의 인연으로 모든 것이 달라질 수 있는 세상이다. 친절을 습관화하여, 인연을 놓치는 우를 범하지 말자.

One Point Lesson

공손하라. 공손하지 않은 사람들의 대부분은 껍질은 단단하나 내용물은 텅 비어있다.

집중과 **몰입**

'한 가지'만 '제대로'

누구나 라디오 심야방송을 들으면서 공부를 해본 경험이 있을 것이다. 방송을 들으면서, 이어폰을 끼고 음악을 들으면서, TV를 보면서 다른 일을 하는 경우가 많다. 그런 버릇이 습관화되어 한 가지 일을 하면서 다른 일을 하지 않으면 능률이 오르지 않는다는 여성도 있다. 하지만 그런 습관은 직장에서는 통용되지 않는다. 이런 습관을 가진 직장여성은 최대한 빨리 그 습관을 고쳐야 한다.

물론 회사에서 라디오를 듣거나 TV를 보면서 일을 하는 경우는 거의 없다. 그러나 주변 동료들과 잡담을 하거나 다른 생각을 하면서 일을 하는 것은 흔하다. 인간의 신경이란 동시에 두 가지 일에 집중할 수 없게 되어 있다. 두 가지를 동시에 잘할 수 없다는 것이다. 정신을 분산시키지 않고서 일을 할 수 없다는 것은 결국 집중력이 부족하다는 의미다.

일의 능률의 기본은 어디까지나 집중력이다. 한 가지 일을 할 때 그 일에만 정신을 집중시키지 않으면 어떤 일이든 능률이 오르지 않는다. 당연히 성과도 정신을 집중시켜야만 나올 수 있다. 그 습관이 고쳐지지 않더라도, 직장에서만큼은 노력해야 한다.

빛도 한 초점으로 모이면 불꽃을 피운다. 집중력도 그런 힘을 가지고 있다. 한 점으로 모인 정신력은 그 어떤 업무가 주어져도 훌륭한 결과를 만들어 낸다.

이는 사람을 상대하는 일에도 그대로 적용되는 사안이다. 다른 일을 하면서 고객을 응대하는 것은 크나큰 실례다. 일이 바쁜 경우에는 종종 직장에서도 그런 경우가 벌어지곤 한다. 두 가지 일을 한꺼번에 하다 보니 생기는 오류이자 잘못이다. 조금 더디더라도 한 번에 하나의 일을 완벽하게 처리하는 것이 백번 낫다.

집중, 상대방을 대하는 최소한의 예의

전화통화도 마찬가지다. 바쁠 때는 한꺼번에 두 가지 일을 하려는 여성이 많다. 예를 들어 전화 통화를 하면서 컴퓨터를 하고 있는 경우도 있다. 놀라지 않을 수 없는 것은 수화기를 어깨와 귀 사이에 끼우고 양손으로 다른 작업을 하는 경우이다. 그리고 전화하면서 옆 사람과 필담을 하는 사람은 또 어떠한가. 이와 같은 태도는 아무리 조심을 하더라도 상대가 알아차리게 되는 법이다.

대화를 통해 느껴져야 할 민감한 반응과 말 속에 내포되어야 할 진정성과 진지함이 전달되지 못하기 때문이다. 무슨 일을 하면서 응대하는 것은 전화에 한해서만 있는 것이 아니다. 접수처에서 다른 일을 하면서 손님을 맞이하는 태도, 상사나 동료가 묻는데도 일손을 멈추지 않고 곁눈질로 대답하는 태도, 복도에서 마주친 누군가에게 동료와 말을 주고받으면서 인사하는 것은 엄연한 실례다.

아주 작은 일이라도 100% 정신을 몰입시키는 것이 비즈니스 여성의 철칙이다. 일이 바빠도 한꺼번에 두 가지 일을 해서 상대를 불쾌하게 하는 일이 없도록 주의하도록 하자.

One Point Lesson
다른 사람에게 인정받기보다는 나 자신이 스스로를 인정할 수 있는 여성이 되자.

신뢰를
주고받다

전적인 신뢰가 큰 사람을 만든다

친구들로부터 따돌림을 당하고 엉뚱한 실수를 저지르기 일쑤인 레오나르도 다빈치에게도 그의 할머니는 항상 이렇게 말을 했다. "넌 무슨 일이든 해낼 수 있어, 할머니는 너를 믿는다."

인류와 문명을 도약시킨, 역사적으로 인정받는 위대한 일을 해낸 사람들. 그 곁에는 언제나 그를 믿어준 사람이 있었다. 이는 생각하기에 따라서 사람을 향해 보내는 무한한 신뢰가 결국 그를 위대한 인물을 만든다는 것으로 이해할 수 있다. 당신은 그러한 신뢰를 받고 있는가? 아니면 그러한 신뢰를 누군가에게 주고 있는가? 한번쯤 생각해볼 일이다.

프로이드의 저서『꿈의 해석』에는 인상적인 내용의 문구가 있다. "내가 위대한 사람이 되려고 노력했던 것은 '너는 장차 위대한 인물이 될 것이다.'라는 어머니의 믿음 때문이다." 직장 여성들의 인간관계에도 믿음은 중요한 역할을 한다.

여자들은 남자들에 비해 덜 신뢰받고 덜 신뢰를 주는 것처럼 여겨질 때가 많다. 하지만 반대로 상대방에게 신뢰를 받을 수만 있다면, 신뢰를 주고 있다고 느끼게 해 줄 수만 있다면 그것은 다른 여성들과 차별화되는 본인만의 강점이 될 수 있다.

'상호 간의 신뢰'를 위해 우리가 할 수 있는 것

본래 인간은 상대에게 인정받고 사랑받고 싶은 욕망을 가지고 있다. 노력의 여하에 따라 당신은 신뢰와 사랑을 얻을 수도 있고, 도리어 불신을 받을 수도 있다. 인정받는 여성이 되기 위해서는 우선 자신의 감정을 컨트롤하는 방법을 터득해야 한다. 또한 상대방이 기쁨을 느낄 수 있도록 꾸밈없이 표현을 해서 상대방에게 행복을 전파해야 한다. 유머감각이나 사려 깊은 행동으로 타인을 흡족하게 만드는 것도 이런 맥락에서 탁월한 전략이라 할 수 있다.

따뜻함을 지니고 사소한 일이라도 아낌없이 격려하는 습관을 갖자. 이는 상대방에게 자신감을 갖게 하고 더욱 좋은 관계로 발전할 수 있는 계기를 마련한다. 훌륭한 예절은 훌륭한 도덕의 한 부분이며 이를 행하는 것은 의무이기도 하다. 당신이 누군가를 성공한 사람으로 신뢰하고 대해준다면, 상대방은 그 기대에 부응하려고 노력할 것이다. 그 효과가 바로 피그말리온 효과Pygmalion

Effect다. 피그말리온 효과는 무엇이든 간절히 바라면 현실화되는 현상을 말하는 것으로, 타인의 기대나 관심으로 인하여 능률이 오르거나 결과가 좋아지는 현상을 뜻한다. 즉, 누군가에 대한 사람들의 믿음이나 기대 예측이 그 대상에게 영향을 미쳐 그대로 실현되는 현상이다.

사람은 다른 사람으로부터 믿음과 신뢰를 잃었을 때 가장 비참해진다. 신뢰와 믿음이 중요한 이유다. 신뢰는 예절에서부터 시작된다. 재능을 가진 여성에게 보내는 신뢰는 또 다른 에너지가 되어 그 능력을 100% 발휘하게 만들어 준다. 능력이 조금 부족한 사람도 신뢰를 받는 순간, 숨겨져 있던 재능에 눈을 뜨게 된다. 평범한 사람도 훌륭하게 만드는 마법 같은 신뢰와 믿음을 통해 자기계발을 지속해보자.

One Point Lesson
고객을 비천하다고 업신여기면 자신의 성품까지 똑같이 비천해진다.

질문하라

하나의 생을 빼곡 채운 물음표들

걸음을 떼고, 입을 열어 말을 하기 시작해 지금에 이르기까지 당신이 행해온 어느 것 하나 쉬운 것이 없었다. 수많은 시행착오와 질문을 통해 오늘이 있지 않았던가. 처음부터 깨닫거나 알고 시작하는 천재는 없을뿐더러 혹 존재한다 하더라도 세상 대부분의 사람들과 무관한 이야기이다.

성공하고 싶다면 모르는 것, 궁금한 것으로부터 자유로운 여성이 되어야 한다. 모르는 것을 알아내는 것도, 궁금증을 해결하는 것도 모두 당신의 의지에 달려 있다. '나는 모른다'는 괜한 자격지심自激之心은 당신을 그 자리에 정체시킨다. 지금까지 살아온 시간을 되돌아보기만 해도 '끊임없이 질문을 해야 한다.'는 간단한 명제가 얼마나 중요한 것인지를 알 수 있다.

질문은 당당하게

궁금하면 반드시 그것을 해결하고자 하는 의지를 가지자. 그간 당신은 당신이 궁금한 내용이 크게 중요하지 않거나, 대화의 흐름을 깰까 봐 부러 입을 다물었을 수도 있다. 하지만 모르거나, 궁금한 것을 해소하지 못하고 그것 때문에 이야기의 진짜 내용을 이해하지 못하면 결국에는 본인의 손해라는 것을 알아야 한다. 최악의 경우에는 이해하는 듯이 듣고 있다가 대화의 흐름 어느 즈음에서 나의 자존심이 상하게 되는 일이 발생할 수도 있다. 그럴 때는 솔직하게 이야기하는 것이 좋다. 모르는 것이기 때문에 이야기가 끝나면 물어볼 참이었다고 하거나, 흐름을 끊기가 어려웠다고 이야기하면 그만이다.

어려워하지 않고 질문을 하는 여성들은 대게 주도적으로 자신의 영역을 꾸릴 줄 아는 여성이다. 이는 다른 사람의 지식과 지성을 인정하고 신뢰한다는 표현이기도 하다. 상대방이 당신을 무시하거나 당신의 질문에 대하여 억지로 잘못된 지식을 전달할 것이라고 생각하는가. 아니면 질문을 하는 것이 의존적인 사람들이나 하는 일이며, 부끄러운 일이라고 생각하는가? 설사 정말 그렇다고 하더라도, 현명한 여성들이라면 질문을 하는 5분 동안만 부끄럽고 말지 평생 모르거나 궁금하게 살아가지는 않을 것이다. 과거에는 수줍어하고 가만히 듣는 것이 여성의 미덕이었을지 모르나, 현대 사회에서 입을 다물고 얼굴을 붉히고만 있다면 자존감이 낮고 사회적 적응력이 부족한 여성으로 비춰질 수 있다.

정말 부끄러워해야 할 일은 모른다는 사실을 감추고 배우려하지 않는 자세다. 입장을 바꿔 누군가가 당신에게 질문을 하거나 모른다고 이야기하면 어떻게 할 것인가? 적어도 그 사람을 단지 모른다는 이유로 바보라고 힐난하지는 않을 것이다. 오히려 내게 물어오는 것이 기분 좋은 기억으로 남을 것이다. 나에게도 질문에 대한 내용을 오래 기억하게 만드는 계기도 될 것이다.

21세기에 들어 여성 인력의 중요성이 더욱 강조되고 있다. 커리어를 관리하고 성공한 여성 모델도 살펴보고 프로페셔널 이미지로 무장해야 한다.

불편부당한 처우를 받지 않으려면 '프로'라는 이미지를 만들어 내야 한다. 직장생활의 기본은 사람들과의 관계형성인데, 특히 여성의 경우 남성들과 협업을 잘하고 지도력을 발휘하는 것이 성공의 관건이다. 겉으로 보이는 것에 연연하기보다 현실적 가치와 실속 있는 사고방식으로 내안의 잠재력을 하나라도 더 많이 깨우치는 것이 당신의 인생을 행복으로 가져다줄 것이다.

One Point Lesson
질문을 하는 것은 나에게 기회를 주는 것이다.

미래는 **나의 것**

성공은 지켜보는 것이 아닌 실행하는 것

불우했지만 역경을 딛고 일어서 끝내 성공한 여성들의 이야기들이 많다. 그들의 이야기를 읽으면 자연스럽게 그들의 마음을 이해하게 되고 따라하고 싶은 욕구가 생긴다. 그녀와 함께 삶을 향한 자신감과 성공으로 향하는 동기가 되기도 한다. 이런 류의 이야기들은 저마다의 성공과 길을 제시하고 있다.

하지만 성공에는 한가지만의 정답은 없다. 이십 대들은 인정받기를 원하기 때문에 그런 이야기를 통해 얻은 답에 현혹된다. 그러나 그것은 성공하고 싶은 헛된 욕망의 표출일 뿐 진짜 자신의 미래와 연관된 성공은 아니다. 삼십 대 이후에는 현실이라는 위태로운 길을 걷는 데 필요한 것은 인생의 즐거움과 미래에 대한 기대이다. 저절로 성공하고 싶어 하는 마음을 불러일으키면 된다. 그리고 성공한 여성이 내놓는 답은 본인의 성공을 위한 동기 부여

일 뿐이다. 능력 있는 여성이란 본인만의, 본인을 위한 희망을 품고 노력하는 사람이다. "미래는 이미 시작되었다."라고 R. 융이라는 미국의 저널리스트가 말한 것처럼 남다른 미래를 원한다면 남다른 오늘을 살아가야 한다.

철저한 대비

미래에 대한 자신의 전망을 재점검하라.
일을 할 때는 지켜보는 이에게 감탄사가 나오게 하라.
변화가 심한 시대의 흐름에 맞추어 좀 더 유연해져라.
미래의 비전을 예측하고 이에 초점을 맞춰라.
미래는 끊임없이 배우고 행동하는 여성의 몫이다.

"내가 하는 일은 너무도 비밀스러워 나 자신조차 내가 무얼 하는지 잘 모른다."라고 윌리엄 웹스터가 말한 것처럼 가장 행복한 여성들은 삶을 창조하고 행복해지는 것에 대해 집중할 뿐, 다른 것은 생각하지 않는다. 이제 미래가 다가오는 것을 기다리지 말고, 본인이 미래로 나아가는 것을 모를 만큼 현실의 길을 당당하게 걸어가며 미래가 자신을 뒤따라오게 만들어라.

미래를 준비하기 위해, 미래에 대한 많은 상상과 희망을 품어라. 되도록 섬세하고 깊게.

One Point Lesson
무엇이든지 남에게 대접받고자 하는 대로 남을 대접하라. 그리하면 그대로 받게 될 것이다.

시간을 지배하자

너무도 짧은 인생

시간을 낭비하는 것은 자신에게 저지르는 크나큰 범죄다. 시간을 지배할 줄 아는 여성만이 인생을 지배할 줄 아는 현명한 여성인 것이다.

"가장 바쁜 사람이 가장 많은 시간을 갖는다. 부지런히 노력하는 사람이 결국 많은 대가를 얻는다."라는 알렉산드리아 피네의 말을 다시 되새겨보자. 시간의 본질을 이해하게 된다면 시간은 한번 지나가면 다시 돌아오지 않는다는 사실을 느끼게 될 것이다.

시간 관리의 중요성

모든 일에 우선순위를 정하고 현실적인 하루 계획표를 만드는 습관을 갖자. 이는 인생에 굉장한 플러스 요인이 된다. 시간낭비 요소를 제거하면 모든 일을 긍정적으로 생각된다. 무슨 일이든 자신이 선택한 것이라고 받아들이면서 적극적으로 할 수 있게 된다. 시간을 효율적으로 관리하고 있는지 점검표를 만들어 수시로 검토하면 낭비를 더욱 줄일 수 있다.

"가라, 달려라, 그리고 세계가 6일 동안에 만들어졌음을 잊지 말라. 그대는 그대가 원하는 것은 무엇이든지 나에게 청구할 수 있지만 시간만은 안 된다."라고 나폴레옹이 말한 것처럼 우리는 일 년 후면 다 잊어버릴 슬픔을 간직하느라고 무엇과도 바꿀 수 없는 소중한 시간을 버리고 있다. 시간을 헛되게 보내기에는 우리의 인생은 너무나 짧다.

최소의 시간으로 최대의 성과를 얻어내기 위해서는 엄격한 시간 관리가 필수다. 하는 일의 우선순위를 두어 철저히 행하는 것만이 시간을 절약하는 길이다. 일은 그것이 쓰일 수 있는 시간이 있는 만큼 팽창한다. 하루하루를 그대의 마지막 날이라고 생각하고 효과적인 시간 활용법을 익히는 연습을 하자. 지금이 아니면 평생 할 수 없는 절호의 기회라고 생각하는 일을 해야 시간을 효과적 결과를 얻을 수 있다.

현재에 집중하자

실패만 거듭했던 과거는 신뢰할 만한 것이 못 된다. "죽은 과거는 묻어버려라."라는 말이 있듯 살아있는 현재에 집중하고 그 흐름에 맞춰 행동하라. 현실에 집중하여 최대한 시간을 단축시키려는 것이 활력 있는 삶이다. 풀어진 마음과 행동으로 지금의 시간을 허비하는 안일함은 미래를 이미 죽은 과거로 만들 뿐이다.

내일은 시련에 대응하는 새로운 힘을 가져다 줄 것이다. "짬을 이용하지 못하는 사람은 항상 짬이 없다."라는 유럽의 속담이 있다. 그 시간에 부끄럽지 않은 모습으로 주어진 오늘에 최선을 다해야 한다.

일을 할 때에는 집중하는 모습을 보이지만 나머지 생활에서는 풀어지는 모습을 보이는 여성이 많다. 그 반대의 경우도 마찬가지다. 진정한 성공이란 잠에 든 시간마저도 관리를 할 줄 아는 자의 것이다. 시간관리에 성공한 30대 여성은 열정의 온도가 1℃ 높다. 그만큼 그녀의 삶은 바쁘고 뜨겁기 때문이다.

One Point Lesson
게으름은 뇌기능을 쇠퇴시키고 신체리듬을 무너뜨려 저항력을 떨어지게 한다.

삼십 대의 **결혼**

현대사회에서의 결혼

　결혼이란 적절한 연령에 도달한 남녀가 자유로운 이성교제를 통해, 애정을 확인하고 자유의사에 의해 정신적, 육체적으로 결합하는 것이다. 전통사회에서의 결혼은 인생에서 반드시 거쳐야 할 통과의례이자 동시에 존재가치를 인정받기 위한 수단이었다면 현대사회에서의 결혼은 개인의 선택이며 사회적 구속을 떠나 좀 더 유연성 있게 수용되어 가고 있다.

　결혼에 대해 유연한 사고를 가지는 것과 함께 고려되어야 할 사항은 평균 결혼 연령이 점점 늦어진다는 것이다. 성공을 향해 가는 직장 여성에게 결혼은 큰 걸림돌이 될 수도 있다. 실제로 우리는 그러한 사례를 주위에서 흔히 볼 수 있다. 적령기가 지났다며 닦달을 하는 주위의 시선을 못 견뎌 결혼을 하고 기회를 놓치고 후회를 하는 여성들이 많다. 여성이 결혼 이후에도 직장 생활을 이어나가도록 사회적 제반 여건이 많이 개선됐지만 갈 길은 멀다. 성공을 바라지만 결혼 역시 늦추고 싶지 않은 여성이라면 가정의 평안, 행복을 최우선시하는 것이 삼십 대의 가장 큰 목표가 되어야 할 것이다.

행복한 가정의 전제 조건

행복한 가정의 밑바탕은 신뢰가 기초되어 있다. 깊은 신뢰를 하고 있어야 상대를 이해하게 되고 불필요한 불만을 갖지 않을 수 있다. 상대의 실수도 용서하게 된다. 상대에게 신뢰를 보내는 것도 중요하지만, 그 신뢰를 배반하지 않으려는 노력이야말로 행복한 가정을 만드는 기본이 된다.

그러기 위해서는 서로의 모습을 있는 그대로 인정해야 한다. 침묵이 때로는 백 마디 말보다 나을 때도 있지만 부부 사이는 그렇지 않다. 비즈니스 할 때처럼 서로 따뜻한 말 한마디를 행동으로 표현해야하는 것이 좋다. 남편에 대한 아내의 사랑은 피부로 느낄 수 있는 것이어야 한다. 사랑과 오솔길은 그대로 두면 자라나지 않는다. 사랑은 열심히 표현할 때 많이 자라고, 오솔길은 부지런히 오고 가지 않으면 잡초로 무성해져 다닐 수 없게 되기 때문이다.

결혼하고 난 뒤 상대의 성격을 자신의 힘으로 고치려고 시도하지만 상황이 개선되지 않는 경우가 많다. 효과적인 방법은 모든 것을 그대로 인정하고 받아주는 것이다. 상대의 단점이 보일 때 당장 고치려고 하는 것보다 상대의 약점을 그대로 받아줄 수 있도록 노력해야 한다. 나의 부족한 점을 고치고 나서 상대의 단점을 조심스럽게 말하는 것이 효과적이다. 아내(남편)들이 친구들에게 베푸는 것과 같이 남편(아내)에게 베푼다면 생활의 파탄은 훨씬 줄어들 것이다.

One Point Lesson

삼십 이후에는 짝을 만나는 것만큼 중요한 것이 없다. 행복한 결혼 생활은 새로운 연애의 시작이다.

결혼을 위한 상담

쉽지 않은 결혼 생활

자녀를 낳고 얼마의 기간이 지난 후 부부의 불화로 결혼이 깨지는 경우가 종종 있다. 가정의 붕괴는 심각한 자녀문제와 더불어 사회문제를 일으키기도 한다. 따라서 우리나라에서도 이혼을 예방하고 결혼을 준비하는 이들을 도와주는 프로그램에 대한 요구가 계속 증가하고 있다.

결혼 후 부부들이 겪는 갈등, 별거, 이혼은 결국 결혼 전 예비부부들이 갖고 있는 결혼에 대한 기대, 의사소통 능력, 갈등 해결 능력, 종교적 견해, 경제적 부담 등이 주원인으로 결혼 전의 기대치와 현실의 괴리에서 파생된다.

준비된 부부만이 행복한 가정을 꾸린다

결혼 전의 가치관과 관계를 맺는 태도를 살피고 그것들을 바르게 해석해 간다면 이혼으로 치닫는 파국을 예방하고 행복한 결혼생활을 유지할 수 있다. 결혼 전 상담은 결혼과 가족생활에 관한 전반적인 이해를 돕고 예비부부들이 갖고 있는 잠재력을 개발하여 건강한 자아, 건강한 부부, 행복한 부부로 성장할 수 있도록 도와준다.

혼전에 있었던 문제들은 결혼 후에도 여전히 문제로 존재한다. 결혼 전 행복한 결혼프로그램 교육을 통해 혼전의 문제를 해결하고 더불어 자신과 배우자에 대한 매우 이상적이고 비현실적인 기대를 현실화 시켜나갈 수 있어 추천할 만하다. 결혼 전 상담교육은 이혼을 줄이기 위해 예상 가능한 부부문제를 해결하는 방법과 기술 습득하는 데 초점을 둔다. 결혼준비 교육 프로그램이나 결혼 전 상담 프로그램은 성공적인 결혼생활을 할 수 있도록 결혼 전의 관계유형을 평가하여 보다 나은 관계를 유지하는 데 큰 영향을 미친다.

결혼은 구속이 아니다

결혼은 해야 한다는 강박관념을 갖지 않는 것이 좋다. 결혼이란 누군가에게 보여주기 위한 것이 아니기 때문이다. "결혼을 결정하기 전에는 두 눈을 뜨고 비교를 하고, 결혼 후에는 한쪽 눈을 감으라."는 말이 있다. 그만큼 결혼을 한 상대는 평생 나에게 맡겨진 사랑해야 할 대상이며, 끝까지 돌보고 책임져야 할 대상인 것이다. 비교하려면 긍정적인 자세를 갖고 좋은 점만 비교하도록 하

자. 진정으로 서로 사랑하고 있다면, 칼날 폭 만큼의 좁은 침대에서 도 누워 잠잘 수 있지만, 서로 미워하기 시작하면 폭이 넓은 침대도 숨 막히게 느껴질 것이다.

특별한 기대를 갖고 결혼생활을 시작하는 많은 사람이 결혼을 하는 이유를 "행복하기 위해서"라고 답변한다. 결혼하면 배우자가 필요한 것들을 충족시켜 주고 늘 부드럽게 대화하며 부부싸움은 절대 없을 거라고 생각한다. 하지만 현실은 늘 좌충우돌 티격태격한다.

가장 중요한 것은 결혼에 대한 강박으로부터, 배우자에 대해 불이해로부터, 결혼 생활에 대한 불만족으로부터 스스로를 놓아주어야 한다는 것이다. 다음의 다섯 가지 팁을 활용하여 행복한 결혼 생활을 어떻게 이끌 것인지 생각해 보고 이를 바탕으로 사회적 성공까지 이루는 당찬 여자가 되어 보자.

행복한 부부가 되기 위해 지켜야 할 다섯 가지 팁

첫째, 부부는 모든 것을 함께해야 한다.

함께할 일을 찾아 부부가 함께 노력해야 한다. 시간이 허락되면 봉사활동이나 취미생활, 운동 등 무엇이든 함께하면서 기쁨으로 만들어야 한다. 삼십 대 이후에는 육아와 교육에 정신이 없다. 부부끼리 협력하여 노력하는 길밖에 없다.

둘째, 다른 사람과 비교하지 말라.

부정적인 비교는 서로에게 상처만 줄 뿐이다. 부부는 결코 비교해서 판단할 대상이 결코 아니다. 자기 책임을 자기 스스로 반성하고 상대에게 미루지 말아야 한다.

셋째, 말실수는 금물이다.

친하다는 이유로 부정적인 말을 하는 경우가 있다. 사소한 말실수로 서로 감정이 잘못될 수 있다. 항상 말조심하는 것은 기본이며 가정을 이끄는 기초 매너이다.

넷째, 인내를 해야 한다.

인내는 의지를 단련시키고 응집시켜 준다. 가장 훌륭한 방법은 신뢰를 갖고 성실하게 살아감으로써 존재를 인정받는 것이다. 인내는 소리 없는 분투 속에서 장애물을 돌파한다는 말이 있다. 인내하는 것을 습관화하여 몸에 배도록 노력해야 한다. 그렇게 하면 행복한 가정과 성숙해진 자신을 발견하게 될 것이다.

다섯째, 크고 작은 돈을 쓸 때는 서로 상의해야 한다.

수입보다 더 중요한 것이 지출이다. 지출을 할 때는 부부의 마음이 하나가 되어야 한다.

행복한 결혼만큼 즐겁고 황홀하고 매력적인 인간관계 즉, 무언

無言에 의한 마음의 교류는 없다. 평생을 함께할 사람과의 인연을 소홀히 대하지 말고, 스스로를 돌아보며 처음 그 마음 그대로 오랫동안 함께 행복할 수 있도록 노력해야 한다.

One Point Lesson
성공적인 결혼은 같은 곳을 바라보는 똑같은 짝과 사랑에 빠지는 것이다.

불만이 많은 자는
미지의 땅을 향해
항해한 적도 없고
영혼을 위한 새로운 천국을
열어준 적도 없다.

- 헬렌 켈러

PART
03

열정으로
이겨내라

지피지기면
백전백승

알아야 이긴다

이기고 지는 것은 생명의 과정이며, 인생 내내 바로 이러한 성패가 반복되어 이루어진다. 끊임없이 성패가 뒤바뀌는 혼잡한 세상 속에서 살아가는 우리의 삶에서 성패를 가르는 가장 큰 요인은 무엇일까.

지피지기知彼知己면 백전백승百戰百勝이란 말이 있다. 이 말은 손자병법에서 나온 것으로 적을 알고 나를 알면 실패가 없으니, 싸우지 않고 승리해야 한다는 뜻을 가지고 있다. 이는 자신의 진로를 결정할 때 특히 실감하게 되는 말이다. 직업을 선택할 때는 본인의 적성이 무엇인지 제대로 파악하여 일을 택하는 것이 좋다. 자신이 좋아하고 또 잘하는 일을 해야 흥미를 느낄 수 있고 일에 빠져들 수가 있기 때문이다. 회사를 선택할 때에는 그 회사의 비전을 완전히 파악해야 한다. 같은 목표를 향하고 그곳을 향해 한

곳을 바라보고 가야만 자신도 기업도 원하는 것을 얻을 수 있기 때문이다.

이는 사람을 대할 때도 마찬가지다. 약속된 만남이 있다면 그에 대한 최대한의 정보를 얻어 그의 입장에서 이 만남에 대해 생각해 봐야 한다. 상대를 완전히 파악하지 못하더라도 대하는 내내 이성보다는 감성으로 포용을 한다면, 보다 깊이 상대를 파악할 수 있어 일의 진행이 순탄해진다.

이는 특히 중요한 인사들과 교류해야 하는 중간급 직장 여성이 신경 써야 하는 부분이다. 사람을 대하는 것을 피하지 않아야 하고, 언제나 웃는 얼굴로 상냥하게 말하면서 첫 대면에서도 서먹한 기분이 들지 않게 만들어야 한다. 또 상대 입장에서 판단하고 행동함으로써 마음을 편안하게 해주어야 한다.

회사 업무수행에도 이런 자세가 요구된다. 해당 업무에 투입되는 모든 직원들에게 언제나 똑바르고 확실한 정보를 주어야한다. 또한 확고한 승리를 위해서 전문지식에도 많은 관심을 쏟아야 하며, 간혹 발생하는 변수에도 유연하게 대처해야 한다.

앎에는 끝이 없다

간혹 일이 고되고, 생각했던 만큼의 성과가 나오지 않을 때 힘이 빠질 수도 있다. 그러나 그것 또한 자신의 길을 가로막는 하나의 역경일 뿐, 이는 백전백승의 자세로 헤쳐 나갈 수 있다는 열정으로 얼마든지 이겨내야 한다. 언제나 지금의 '나'보다 잘하려고 애쓰는 것이 중요하다. 이러한 태도를 가지기 위해서는 자신이 몸을 담은 분야에 대해 완벽히 파악하고 새로이 흘러들어 오는 정보에 대해 늘 공부해야만 한다.

뛰어난 여성리더가 되기 위해서는 거절에도 실망하지 않고, 어떤 막다른 길에서도 용기를 내어 새로운 길을 찾는 적극성을 가지고 있다. 당신을 둘러싼 주변의 정보에 대해서 적극적으로 공부하고, 누군가 그에 대해 물어 왔을 때 거침없이 대답할 수만 있다면 당신은 이미 여성리더로서의 기본자세를 절반 이상을 갖춘 것이다.

One Point Lesson
질서 정연함은 사고를 맑게 해주며 스트레스를 줄여준다.

감사합니다
고맙습니다

"고맙습니다."라고 말하는 습관을 갖자. 감사의 인사는 빨리 할수록 좋다. 감사하는 마음은 다른 사람을 향하는 감정이 아니라 자신의 평화로움에서 우러나는 자신을 위하는 감정이다. 때문에 감사함을 표현하는 행위는 언제나 자신에게로 돌아오기 나름이다.

감사, 서비스의 시작과 끝

모든 직장인들은 서비스를 만들어내기 위해 일한다. 특히 서비스업에 관련이 있는 경우는 고객들을 감동하게 하고, 감사함을 불어넣기 위해 다양한 전략을 짠다. 고객의 특성에 맞는 맞춤형 서비스는 마음을 움직여 커다란 성과로 돌아오게 된다. 시시각각 변화하는 고객의 마음을 사로잡는 서비스 마인드는 발상의 전환으로 감성을 자극하는 고차원의 서비스전략에서 시작된다. 고객

관계 증진을 위한 의사소통기법, 예절의 준수, 접객 시 인사법 등 근무자세, 매너를 습관화하기 위해 애쓰는 것도 모두 이런 이유에서다.

고객들은 언제나 특별하고 감동적인 명품 서비스를 원한다. 이제 고객에게 각광받는 역발상 창조 서비스가 필요하다. 톡톡 튀는 다양한 서비스로 승부하려는 근성과 선순환virtuous circle의 만족을 불러일으키는 열정의 서비스 리더십이 필요하다.

"자신의 예절과 성품은 자신에게 가장 잘 어울리는 것이다."라고 키케로가 말한 것처럼, 고객의 대기 시간을 최소화하고 고객 사후관리로 지속적인 관계를 유지해야 한다. 유연한 자세로 고객의 요구에 응하고 그들의 말은 믿어주며 고객을 위한 것이라면 뭐든지 한다는 의지를 가져야 한다. 그렇게 함으로써 고객은 감사함을 느끼고, 그것을 우리에게 돌려주게 된다.

감사의 자세와 기법

상대방 눈을 마주보며 미소 짓게 만들고, 함께 축하할 일을 찾아 정감을 나누자. 유명 인사를 대하듯 모든 고객을 대한다면 모든 이들이 만족을 느낄 것이다. 따뜻하고 친근한 인사말로 입구를 열고 대함에 있어 늘 교양과 매너가 있어야 한다.

서비스란 본래 위대한 교양의 결실이다. 야비한 사람, 인색한 사람에게서는 그것을 결코 발견할 수 없다. 감사에 인색하지 말고, 진정으로 성공을 하고 싶은 여성이라면 감사하는 일에 익숙해야 한다. 감사를 모르는 자는 도토리나무 밑에서 도토리를 탐닉하면서도 도토리가 어디서 떨어지는지 모르는 돼지와도 같다.

여성들의 마음은 언제나 감사함에 반응하도록 되어 있다. 앞서 말했지만, 감사하는 마음, 그것은 자기 아닌 다른 사람을 향하는 감정이 아니라, 자기 자신의 평화를 위하는 감정이다. 감사하는 행위, 그것은 벽에다 던지는 공처럼 언제나 자기 자신에게로 돌아온다. 감사하는 마음은 가장 위대한 미덕이다. 모든 것에 감사함을 느끼는 영혼을 개발하라. 그러면 그대는 영원한 성공의 잔치를 즐길 것이다. 늘 반갑고 따뜻하게 고객을 맞이하고 정직하게 대한다면 고객도 당신을 마찬가지로 대할 것이다.

One Point Lesson
세련된 매너는 그 사람의 성품까지 좋아보이게 만든다.

누구를 위한
비난인가

비난은 상처 외에 아무것도 남기지 않는다

한마디가 상대방의 가슴속에 오래도록 깊은 상처로 남을 수도 있다. 쓸데없이 다른 사람을 비난하거나 인격을 모독하여 감정과 자존심에 상처를 주지 말아야 한다. 또한 다른 사람이 퍼붓는 비난이나 비판은 가슴에 담아두지 말자. 또 다른 악순환을 만들 뿐이다.

직장 여성은 늘 말조심을 해야 한다. 이상하게도 여성들이 여럿이 모이면 험담들이 나온다. 그 자리가 개인적이고 사교적인 자리라면 모르겠지만, 직장에서 만큼은 절대 바람직하지 않은 현상이다. 한정된 인원이 매일 마주보고 생활하는 직장에서의 뒷담화 talk behind sb`s back는 몰래 한다고 해도 언젠가는 상대의 귀에 들어가게 마련이다. 그런 일로 직장의 분위기가 나빠져 업무상의 능률 떨어지고, 제휴가 잘 안되고, 상대가 입은 정신적인 상처 때문에 일에 대한 열의가 떨어지게 된다면 이는 결국 회사에 커다란 손실이고 최종적으로는 모두의 손해가 될 수 있다.

비난보다는 덕담을

대문호 톨스토이는 "비난하는 것은 좋지 않는 것이다. 보이지 않는 곳에서 비난하는 것은 불성실하다. 덕을 기만하는 것이 되기 때문이다."라고 누누이 강조한 바 있다. 이렇듯 상대를 비난하는 말은 윤리적으로도 좋지 않은 일이며 사람을 향한 비난은 사실여부와 상관없이 상처가 되는 법이다. "말이 입힌 상처는 칼이 입힌 상처보다 크다."는 모로코의 속담처럼, 돌이킬 수 없는 사고를 만드는 것과 다를 바 없다.

그 대상이 어떤 것이든 비난을 할 마음이 생긴다면 자신 먼저 돌아보아야 한다. 과연 본인이 비난을 할 자격을 가지고 있는지 따져야 한다. 비난을 즐기는 사람들은 대체로 인격적인 수양이 부족한 사람들이다. 사고가 발생하면 비난을 통해 자신에게 돌아올 책임을 미리 회피하려는 것이다. 이 세상 그 누구도 잘못은 하고 본인의 마음에 100% 들 수는 없다.

누군가를 비난하는 이 순간 나 역시 누군가에게 비난받을 수도 있다는 생각을 염두에 두고 말을 할 땐 항상 조심하자. 슬기로운 여성은 누구를 비난하기에 앞서 다른 사람의 단점을 보고 자신의 단점을 고친다. 해결할 수 없는 문제로 상대를 비난하는 것은 비겁한 일이며, 잘못된 일의 책임을 남에게 전가하거나 회피하는 것

역시 비열한 일이다. 설령 상대가 분명 잘못한 것이 있더라도 그에 대한 비난 대신 덕담을 입에서 내도록 하자. 주위의 사람들은 당신을 새삼스레 바라볼 것이며 그것이 진심에서 우러나오는 행동으로 인정받는다면 당신은 '덕이 많은 여성' 이라는 사회생활에서의 장점 하나를 추가하는 것이 된다.

One Point Lesson

악담을 하기위해 입을 열기 전에 악순환의 고리가 어디에서 시작되는지를 생각해보자.

불만에 대한
또 다른 해석

불만은 약해빠진 '나'에게서 온다

불만은 자부심의 결핍에서 생기는 감정이다. 또한 의지의 쇠약이기도 하다. 퇴근 무렵의 회사 주변, 소줏집에서 으레 보이는 직장여성들이 있다. 이 구석 저 구석에서 들려오는 화제에 귀를 기울여보면 모든 대화 내용이 회사에 대한 불만인 것을 알 수 있다. 그들만의 스트레스 해소법일 수도 있겠지만, 기왕 술을 마신다면 좀 더 밝은 화제를 안주 삼아 마시는 것이 낫지 않을까 싶다.

누누이 강조하지만 직장 내에서는 불만을 토로하지 않는 것이 좋다. 뜻대로 일이 잘 진행되지 않거나, 무언가 재미없는 일이 있게 되면 불만이 생길 수도 있다. 하지만 그것을 고스란히 상대에게 전하고 빈정거린다면, 듣고 있는 상대 또한 매우 불쾌한 생각을 갖게 된다.

이것이 일의 능률 저하로 나타난다. 불만이란 결국 일이 원활하게 풀리지 않는 데서 발생하는 '소음'이다. 일을 하는 도중에는 더욱 그렇다. 불만이란 말은 '분간 못하는 어리석음'이란 뜻을 가지고 있다. 곧 불만을 표하는 것은 "나는 분간할 능력이 없는 사람이다."라고 스스로 드러내는 것과 같다. 비즈니스 여성으로서 분별력이 떨어진다는 것은 매우 큰 결함이다. 실제 불만이 생기더라도 결코 스스로 입을 열어 불만을 하는 일이 없어야 한다.

불만에 대처하는 우리의 자세

욕심을 부리면 더욱 많은 것을 얻는 것은 고사하고 처음에 지녔던 것들조차 잃기 십상이다. 옛 선인은 "만족할 줄 알아 늘 만족스러워하면 종신토록 욕되지 아니하고, 그칠 줄을 알아 늘 그치면 종신토록 부끄러움이 없을 것이다."라는 격언을 남겼다. 이 말은 만족함을 알고 무리하게 많은 것을 구하려 하지 않는다면 불필요한 수치를 당하지 않는다는 뜻이다. 직장 여성들도 좀 더 현명하게 행동해야 한다. "욕심은 버려야 따뜻하고 옷은 입어야 따뜻하다."는 말처럼, 조직의 영향력에도 많은 영향을 끼침을 알아야 한다.

헬렌 켈러가 말한 것을 되새겨 본다. "불만이 많은 자는 미지의 땅을 향해 항해한 적도 없고 영혼을 위한 새로운 천국을 열어준 적도 없다." 이 말은 자신의 처지를 괴로워하거나 불평하지 말고 극복하는 자세를 가져야 한다는 것을 일러준다.

불만은 결코 전략이 될 수 없다. 당신만이 아니라 사람이라면 모두 한정된 시간과 에너지를 가지고 있다. 불만을 표하는 것은 시간적으로도 굉장한 낭비이자, 목표를 달성하는 데 전혀 기여하지 않는 감정적인 낭비에 불과하다. 천체학자 중에는 비관주의자가 없다고 한다. 미지의 우주를 탐구하는 데 불만과 의심은 전혀 필요 없는 감정인 것이다.

One Point Lesson

불만은 비교에서 시작된다. 보다 좋은 것을 볼 수 없게 된다면 사람들은 저마다 자기 것을 가장 좋아할 것이다.

멘토를 찾아서

멘토는 어디에

직장 내의 치열한 경쟁을 뚫고 정상에 선 여성 리더들은 자신만의 멘토를 가지고 있었다. 그녀들은 멘토로 여기는 누군가를 롤모델로 삼아 숱한 위기를 극복할 수 있었고, 마침내 인생에서 승리하는 방법을 배울 수 있었다고 회고한다. 반면 멘토가 없는 여성의 경우 뛰어난 능력이나 적극성에 불구하고 항상 아쉬운 패배를 거듭했다. 이렇듯 직장여성의 승리를 앞당기기 위해서는 멘토가 필요하다는 것을 알 수 있다.

그렇다면 어떤 이를 멘토로 삼아야 하는 것일까? 왜 우리 회사엔 여성이 믿고 의지할 멘토 가 없을까? 똑같은 능력을 지닌 여성보다 남자의 승진이 빠른 이유가 무엇일까? 그리고 게임의 법칙을 일러주고 성공을 향한 로프를 던져주고 당겨줄 멘토는 누구이며 도대체 어디에 있는 것 있을까?

비즈니스 여성의 발전을 위해 활동하는 세계적인 단체 '캐털리스트'의 대표 쉘라 웰링턴은, 똑같은 재능을 지닌 남성이 여성보다 높이 빨리 승진하는 이유를 분석했다. 그녀의 결론은 이러하다. "대부분의 남성에겐 멘토가 있고 여성에겐 없기 때문이다." 그녀의 말을 듣자 하니 과연 아직 한국사회에는 여성들의 이야기에 귀를 기울여줄 만한 멘토가 많지 않은 것이 사실이다.

여성 멘토의 중요성

이미 한국의 여성들은 본격적으로 사회에 진입하여 각자의 분야에서 혁혁한 성과를 이뤄내고 있다. 많은 여성이 직장을 다니며, 해마다 중간 간부급에 진입하는 여성의 수가 증가하고 최고위급 간부 자리에 오르기도 한다.

다만 문제는 아직까지 남성에 비해 고위직에 진입한 여성의 수가 확연히 차이가 난다는 점이다. 이는 아직까지 남성이 주도하는 사회에서 적용되는 룰에 여성들이 적응하고 있지 못하고 잇다는 반증이기도 하다.

게임의 규칙을 알고 있는 남성들의 관계적 속성을 그리고, 남성이 주도하는 직장 내 규칙을 터득해야 한다. 따라서 남성 멘토가 필요하다. 남성에게 속내를 드러내며 조언을 구하는 것은 쉬운 일이 아니지만 첫 시도가 어려울 뿐 진심을 다해 그들을 대한다면 남성들 역시 기특하게 당신을 바라볼 것이다.

또한 남성 멘토와 더불어 여성이 난관에 대처하는 방법을 알고 있는 여성의 멘토가 절실하다. 남성 중심의 사회에서 결국 살아남아 높은 지위에 오른 그녀들은 다들 독특한 노하우를 가지고 있다. 어려운 것은 그녀들이 쉬이 자신들만의 노하우를 알려주지 않을 것이라는 데 있다. 하지만 사람이 사람을 대함에 있어 진심만 담겨 있다면, 끈기를 가지고 다가선다면 마음의 문을 열지 않을 사람은 없을 것이다.

　멘토를 찾는 일은 분명 쉽지 않다. 그가 나의 멘토가 되어 준다 하더라도 결국 얻는 게 아무것도 없을 수 있다. 하지만 멘토를 찾아 나서는 그 과정 자체에 의미가 있다는 사실을 인지하자. 또 하나 잊지 말아야 할 것은 결국 성공은 멘토가 아닌 자기 자신의 몫이라는 사실이다. 아무리 좋은 멘토를 만난다 한들 그의 노하우를 자신의 것으로 만들지 못한다면 멘토를 찾아가는 과정, 멘토와 보내는 시간 모두 무용지물이 된다. 그의 노하우를 자신의 습관으로 만드는 피나는 노력이 결국 당신을 성공으로 한 걸음 빨리 이끌어 줄 것이다.

One Point Lesson
직접 경험해봐야만 자신에게 맞는 일인지 아닌지를 판단할 수 있다.

반성과 **변명**

작은 실수를 자기반성의 기회로 삼자

중국 속담에 "산에서 넘어지지 아니하고 개밋둑에서 넘어진다."는 말이 있다. 무슨 일이든 큰일은 주위를 기울이기 때문에 실수하는 경우가 별로 없지만, 작은 일은 방심을 하고 있다가 실수하는 경우가 많다는 뜻이다. 실제로 업무를 하다 보면 큰일은 긴장을 하기 때문에 실수하지 않지만, 생각지도 않았던 작은 일에서 실수를 하는 경우가 많다.

이제까지 있었던 실수의 경우를 보면 그런 경향이 있다는 것을 기억할 것이다. 고작 그 정도의 일이라면 실수하더라도 별일 아니다 생각할 수도 있다. 만일 그렇다면 크게 반성하여야 한다. 작은 일이라도 실수에 대한 반성을 게을리하다 보면 같은 실수를 되풀이하게 된다. 크고 작은 실수로 회사의 신용이 떨어지게 되면 당신에겐 큰일도 불안해서 맡기지 않을 것이며, 결과적으로 스스로의 능력을 저하시키는 꼴이 되고 만다.

누구나 실수를 저지를 수 있다. 그러나 반성하지 않는 사람만이 같은 실수를 계속 저지른다. "실수와 실수가 전화위복이 되게 하라."라는 독일 격언이 있다. 실수는 우리가 성장하기 위해 대가로 지불하는 자연스런 비용이다. 하지만 같은 실수의 반복은 건성으로 일하는 여성이라는 이미지를 만든다. 이는 신용과도 직결된다. 신용에는 금액의 많고 적음은 있을 수 없다. 작은 일이라 해도 충분히 주의를 기울여야만 한다. 작은 일에서 실수를 했을 때야말로 크게 자기반성을 하는 기회로 삼아야 할 것이다.

사람은 실수를 통해 배운다. 한 번도 실수하지 않은 여성은 언제나 아무 일도 하지 않고 있는 사람이다. 위대한 성공을 거둔 여성들 중 실수나 큰 실수를 범하지 않고 그 자리에 오른 여성은 아무도 없다. 실수를 즐기는 여성이 미래를 지배한다. 작은 실수라도 크게 반성하고 자기반성의 기회로 삼아야 한다. "남을 이기려는 사람은 반드시 먼저 자신부터 이겨야 하고, 남을 논하려는 자는 반드시 자신부터 논해야 한다."라고 여씨춘추가 말했듯이 실수를 했다면 자기반성부터 하도록 하자.

변명은 화를 키우고 인정은 화를 줄인다

실수는 솔직하게 인정하는 것이 좋다. 자기변명은 창피함을 더하며, 혹여 다른 사람에게 전가하게 되면 크나큰 적을 만드는 것이다. 큰 실수이건, 작은 실수이건 가장 먼저 해야 할 것은 실수한 내용을 솔직하게 보고하는 것이다. 실수를 한 데는 반드시 이유가 있다. 이유부터 설명하려 하는데, 그것은 중요하지 않다. 결과와 대책이 더욱 중요하다. 이유를 길게 설명하느라 대책을 세울 시간을 지연시킨다면 더한 화를 부를 뿐이다. 물론 대책을 세울 때 실수 경과를 살펴볼 필요는 있다. 가급적이면 변명은 빼고 대책을 논의하도록 하자. "일을 제대로 하는 것이 잘못해놓고 변명하는 것보다 시간을 덜 잡아먹는다."라고 헨리 워즈워스 롱펠로가 말하지 않았든가.

실수는 빨리 보고하고 변명보다는 실수를 경험 삼아 더 이상 실수하지 않도록 하는 것이 중요한 것이다. 잘못은 인간인 이상 누구에게나 있는 것이다. 그 후의 조치가 중요하지 벌어진 일에 대해서는 너무 연연하지 않는 것이 좋다.

"고기가 썩으면 구더기가 생기고, 생선이 마르면 좀 벌레가 생긴다. 변명함으로써 자신을 잊는다면 재앙이 닥칠 것이다."라고 중국 철학자 순자가 말했던 것처럼 실수를 거울삼아 또 다른 실수를 하지 않기 위해 노력하자. 과실을 범함에 부끄러워하며, 그러나 과실을 바로잡는 것은 부끄러워 말아야 한다. 자기 확신과 열정으로 어지간한 시련쯤은 가볍게 넘기겠다는 긍정의 힘이 필요하다.

One Point Lesson

실수를 열정의 시스템으로 바꿔라. 과거의 오류는 장래의 지혜와 성공이 될 수 있다.

실패의 중요성

실패 없이는 성장도 없다

때론 실패는 성장의 기회가 된다. 잘난 사람도 못난 사람도 실패는 누구나 경험을 한다. 다만 똑같은 상황이 또 발생했을 때의 행동이 달라야 할 뿐이다. 중요한 것은 다시 일어서는 것에 달려 있다.

실패는 자신의 결함이 불러일으킨 결과다. 때문에 사람은 스스로 실패를 통해 자신의 약점을 무엇이었는지를 알 수 있다. 늘 성공만을 거듭해온 사람은 본인의 약점을 알지 못한다. 실패를 두려워하지 말아야한다. 한 번 더 돌아보게 되는 것은 좋은 약이 될 것이다. 실패가 본인에게 유익한 경험일 수 있다고 생각하자. 실패를 바라는 것은 아니지만, 실패를 통해 자기 성장의 기회가 될 수 있기 때문이다.

미국 목사 윌리엄 채닝은 "실패는 우리를 전진시키기 위한 훈

련"이라고 했고 웅변가로 널리 알려진 필립스는 "실패는 하나의 교훈이며 호전하는 제1보"라고 했다. 실패를 발판으로 삼고 교훈으로 삼기 위해 새로운 마음으로 도전하면 다음번에는 틀림없이 좋은 결과를 만들 수 있다.

더 높이 도약하기 위해 웅크리다

실패를 하면 누구나 다 속상한 마음이 든다. 그렇다고 언제까지나 낙심만하고 있다 보면 실패는 실패로 그쳐버리는 것이다. 실패했다면 반드시 기분전환을 한 후에 새로운 열정을 가지고 재도전해야 한다. 실패는 전진의 원동력이다. 성공하려면 실패를 거듭해도 잃지 않는 열정이 있어야 한다.

칠전팔기는 남성들만의 전유물이 아니다. 여성들도 칠전팔기의 정신으로 무장해야 한다. 성공과 실패를 아울러 경험하면서 한 단계씩 밟아나가야만 성공의 계단에 오를 수 있다.

실패란 우리를 한층 더 높은 단계로 인도하는 또 다른 배움이다. 사람은 실패와 장애물을 통해서도 배운다. 사람은 가능하다고 생각한 만큼 성취한다. 실패하더라도 좌절하거나 멈춰 서지 말자. 그것은 또 다른 도약의 발판이 되어 줄 것이다.

One Point Lesson
나만의 브랜드 파워를 통해 자신의 가치를 높이자.

말의 **양날**

말은 칼보다 위험하다

칼날에 베인 상처에는 피가 나더라도 곧 아물지만, 말에 베인 상처는 피가 나지 않아도 좀체 아물지 않는다. 옛 선인들은 "질병은 입을 좇아 들어가고 화근은 입을 좇아 나온다. 입은 화의 문이요, 혀는 몸을 베는 칼이다."라고 말했다. 입을 닫고 혀를 깊이 간직하면 몸 편안히 간 곳마다 튼튼하다는 말이다.

상대방을 매도하는 말, 좌절을 주는 말, 상처를 남기는 말, 분노의 말, 고함치는 말, 상대방의 잘못을 들추는 말, 불평으로 일관하는 말, 가족의 비난 등 사사건건 시비를 거는 말 등 부정적인 말은 멀리할수록 이롭다. 언제나 상대방의 입장을 생각하고 때와 장소에 적합한 말을 하는 습관을 들여야 한다.

말을 잘하는 자가 성공을 입에 담을 자격이 있다

상대방의 심리를 자극하는 말은 삼가야 한다. 본래 험담은 사실보다 과장되어 전해지는 법이다. 그런 일로 인해 직장 분위기가 나빠져 업무상 제휴가 잘 안 되거나 이미지가 나쁘게 심어지면 큰 손해를 입게 된다. 또 당사자는 정신적인 상처를 입게 되어 일에 대한 열의를 잃고 업무에 집중하지 못하는 악순환의 굴레에 빠질 수도 있다.

하고 싶은 말이 있을 때는, 그 말을 하기 전에 다시 한 번 생각해보는 습관을 가져야 한다. 자신이 냉정하고 사려 깊은 여성이라는 마인드를 갖자. 냉정을 잃고 마음이 혼란스러울 때에도 자신의 판단에 따라 실수를 줄이도록 노력해보자.

아이들이 자라는 가정과 마찬가지로 직장에서는 험담은 삼가는 것이 좋다. 듣는 사람이 가족이라 하더라도 남을 비난하는 것은 별로 기분 좋게 들리지 않는 법이다. 함께 일하는 동료들 사이에서 험담을 나눈다는 것은 자신의 얼굴에 침을 뱉는 격이다.

말은 마음의 초상이다. 다른 사람들이 할 말이 없어서 입을 다물고 있는 것이 아니다. 생각과 뜻이 있기에 말을 분별해가면서 조율하는 것이다. 자기가 뜻하는 바를 모두 입 밖으로 내뱉는 사람은 거의 없다. 말을 많이 한다는 것과 잘한다는 것은 별개이다.

말도 행동이고 행동도 말의 일종이다. 말로 하는 사랑은 쉽게 외면할 수 있으나 행동으로 보여주는 사랑은 저항할 수가 없다.

"말은 행동의 거울이다."라고 솔로몬이 말한 것처럼 말하는 것은 지식의 확장이고 듣는 것은 지혜의 특권이다. 말하자마자 책임감을 가지고 이를 실행에 옮기는 사람, 그것이 가치 있는 여성이다. 이제 자신을 언제나 상대방의 입장을 생각하고 때와 장소에 적합한 말을 하도록 노력하여 더욱 가치 있는 여성으로 변모해보자.

One Point Lesson
중요한 것은 서로를 위해 서로 기대치를 조정해 나가야 한다.

생각과 믿음

모든 것의 시작은 생각으로부터

자신의 소망이 뜨겁게 타오르게 되면 누구보다도 강한 인내력이 발휘된다. 자신의 능력과 가치를 믿게 되는 것이다. 명확하고 구체적인 계획을 세운 후 계획을 세워나가는 동안 믿음이 생기는 것을 느낄 것이다. 명확한 목표를 향해 마음을 집중시키는 것은 믿음의 밑거름이 된다. 자신과의 싸움에서 지지 않도록 최선을 다하려는 믿음이 필요하다. 즉, 자신에 대한 믿음이 습관이 되도록 노력해야 한다. 그렇게 한다면 어느덧 경험이 쌓여 한층 더 성숙해진 자신을 발견하게 될 것이다.

성공한 미래의 모습을 그려보는 것도 인내심을 키우는 데 도움이 된다. 목적 없이 이룰 수 있는 것은 아무것도 없다. 성과를 남기지 않아도 계획대로 목표를 향해 나아가기만 한다면 그 미래는 현실이 될 수 있다.

할 수 있는 능력이 있는데도 원하는 발전을 이루고 있지 못하다면, 필경 믿음이 분명하지 않기 때문이다. 당신의 태도, 성과, 그날 발생한 상황에 대한 느낌들과 선택한 목표에 따라 정보는 달라질 것이다.

구체적으로, 명확하게, 실행하라

생각과 믿음을 키우는 데는 목표를 향해 나아가기 위해 취해야 할 행동을 매일 상기시켜 보자. 매일같이 스스로의 모습을 돌아봄으로써 얼마나 발전하고 나아졌는지를 실제로 측정할 수 있게 된다. 다이어트가 목표라면 식사 습관의 변화를 체크하면 된다. 칼로리 감량, 체지방 감량 등과 같은 세부적인 정보를 알고 목표를 상기한다면 이전보다 훨씬 더 긍정적인 효과들을 확인할 수 있다.

중요한 것은 구체적이고 분명한 생각과 믿음을 갖는 것이다. 만약 뜬 구름같이 추상적이고 현실가능성이 없는 목표를 갖고 있다면, 실행 자체도 뜬구름처럼 추상적으로 흩어져버릴 것이다. 무엇보다 흐리멍덩한 목표가 아닌 분명한 목표를 가져야 한다. 이 목표가 구체적이고도 확실한 것이 될 때까지 갈고 닦아라. 그리고 그것을 항상 마음속에 간직하라. 그러면 당신은 어디로 가든지 생각과 믿음을 잊지 않을 것이다. 목표로 계속 이어지는 적극적인 생각과 믿음이 필요하다.

분명한 목표가 있다면 당신은 그것을 위해 적극적으로 생각과 믿음을 실행에 옮겨야 한다. 어떤 생각을 갖느냐에 따라 당신의 미래가 결정되는 것이다. 이것이 바로 성공의 길이다. 괴로워하거나 불평하지 말라. 사소한 불평은 눈감아 버려라.

한눈팔지 말고 목적만을 향하여 똑바로 전진하라. 인생은 흘러가는 것이 아니고, 생각과 믿음으로써 이루어 가는 것이다.

One Point Lesson
덕은 득이다. 즉 체득한 것이 아니라면 그 사람의 덕이 될 수가 없다.

인내는
위대하다

인내의 힘

　자신의 한계에 도전할 줄 아는 여성은 실패를 하더라도 무너지지 않는다. 자신을 끊임없이 격려하여 더욱 높은 인생의 경지를 향해 발전해 나가기 때문이다. 그래서 가슴속에 꿈을 품고 살아야 한다. 성공을 향해 나아가는 여성이라면 침착하고 냉정하며 끝까지 열정을 잃지 않는 품성을 배양해야 한다. 친절한 미소로 상대방을 대하고, 언제나 희망으로 가득 찬 우아함을 지녀야 한다. 물론 위의 사항들을 항상 습관화하기는 힘든 일이다. 그것은 어쩌면 커다란 스트레스로 다가올 수도 있다. 그렇기에 인내는 모든 곤란에 적용되는 최상의 처방이다.

　잘못을 저질렀을 때 이를 숨기며 회피하려는 여성이 있고 솔직히 인정하며 용서를 구하는 여성이 있다. 어느 쪽이 지혜롭고 행복한 사람일까? 잘못을 인정한다고 해서 자존심이 상한다고 생각하는 것은 옳지 않은 일이다. 솔직함으로 인하여 더 큰 사랑을 얻기 때문이다. 잘못을 시인하여 얻는 부끄러움, 자괴감은 순간일 뿐이다. 그 순간의 고통을 인내해야만 잘못한 것에 대한 대가를 제대로 치르고 한층 성장할 수 있다. 이렇듯 인내는 믿음의 보호자요, 화평의 유지자이며, 사랑을 육성하는 자요, 겸손을 가르치는 교사이다. 인내는 일을 해나가기 위한 하나의 자본이다.

인내는 끝내 그대가 승리하게 하리라

인생의 낙은 과욕보다는 절욕에서 찾아야 한다. 올바른 마음을 가지고 욕심을 제어하면 모든 위험에서 자유로워진다. 허욕을 버리면 심신이 상쾌해진다. 인내할 수 있는 자가 원하는 결과를 얻을 수 있는 것이다.

위대한 사건이나 계획은 열정 없이 성취되지 않는다. 열정은 위대한 모든 것에 창조력을 불어넣어 준다. 하지만 위대한 여성들 중 인품이 완전치 못한 이가 많음에도 불구하고 열정 때문에 허물이 잘 보이지 않는다. 가장 중요한 품성 중의 하나인 인내심을 가질 수 있다면 열정에 가린 허물마저도 벗어낼 수 있다.

세상에서 제일 크고 고상한 능력은 생각보다 단순하다. 그것은 바로 인내력이다. 스치는 세월은 이마에 주름이 가게하고, 식은 열정은 영혼에 주름이 가게 한다. 신은 시간이 걸리는 것이라고 해서 거절하시는 법은 없다. 참아라. 꿋꿋이 관철하라. 인내하는 여성은 성공을 반드시 이룰 수 있다. 인내는 희망을 품는 기술이다.

One Point Lesson

성급히 굴지는 말고 쉬지 않는 인내심으로 세상과 맞서라. 목표가 크면 클수록, 더욱더 앞으로 나아감이 필요하다.

그리 대단치 않은 일에도
과감하게 전력을 경주하라.
일을 하나씩 정복할 때마다
실력이 더해진다.
작은 일을 훌륭하게 해내면
큰일은 저절로 처리된다.

- 데일 카네기

PART 04

나만의
경쟁력

첫인상에
투자하라

첫인상의 중요성

모든 것이 첫인상에서 결정된다고 말해도 과언이 아닐 정도로 첫인상이 힘은 강력하다. 그만큼 첫인상의 중요성은 누구나 잘 알고 있을 것이다.

급변하는 사회에서는 그만큼 급작스러운 만남이 많다. 그리고 서로에 대한 정보가 없는 상태에서 대면을 했을 경우, 우리는 첫인상으로 상대를 가늠해볼 수밖에 없다. 첫인상이 좋은 경우에는 문제가 없지만 그 반대일 경우에는 많은 손해를 보게 된다.

더욱 문제인 것은 첫인상이란 것이 상대에게 한 번 나쁘게 인식되면 좀처럼 그 이미지에서 벗어나지 못한다는 것이다.

긍정과 예의의 습관화

미국 다트머스 대학의 한 연구에서 "표정을 짓는 사람에 대한 인상을 형성하는 데는 0.017초가 걸리고 표정이 없는 사람에 대한 인상을 형성하는 데는 0.183초의 시간이 걸린다."는 결과가 나왔다. 웃는 아기의 얼굴을 보면 자기도 모르게 미소를 짓는 것처럼, 바라보는 상대방의 첫인상이 웃는 표정일 경우 좋은 인상으로 인식될뿐더러 더욱 친밀감 있게 일을 진행시킬 수 있다.

좋은 첫인상에는 본연의 외모와 표정도 중요하지만, 입고 있는 의상도 큰 영향을 미친다. 많은 사람들이 상대방의 복장만으로도 인격과 성격 그리고 지위를 유추하기 때문이다. 따라서 좋은 첫인상을 위해 의상도 때와 상황에 맞춰 잘 갖춰 입는 것이 중요하다. 단정한 의상만으로도 마음가짐과 충분히 행동이 바른 여성이라는 인상을 줄 수 있는 것이다. 의상을 가려 입는 것으로 만으로도 큰 이익을 얻는다 생각하면 노력할 만한 가치가 충분하지 않은가.

자신감 있는 언행 역시 좋은 인상을 위해 필수적으로 갖춰야 할 요소다. 미국 세인트루이스의 워싱턴대학교와 웨이크 포레스트 대학교 공동연구진은 '여성들의 첫인상'을 조사한 결과 "첫인상에서 좋은 평가를 받지 못한 사람은 자신감도 적었다."고 밝혔다. 자신이 첫인상이 좋을 거라는 생각을 가진 여성은, 상대방에게도 자신감이 있어 보여서 좋다는 느낌을 준다고 한다.

이렇듯 예의를 바탕으로 한 긍정적 마인드를 습관화한다면 절로 미소를 잃지 않게 되고 그의 언행에서는 자신감이 배어 나오게 된다. 당신은 처음 대면한 상대는 시종 웃음을 잃지 않는 당신을, 자신감이 충만한 그 태도에 믿음을 얻게 되고 당신은 사회적 성공을 위한 최소한의 준비를 마치게 되는 것이다.

One Point Lesson
겉치레는 중요하지 않다. 하지만 우리는 겉모습을 통해 다른 사람을 판단한다.

책임이
따르는 행동

행동, 내면을 비추는 거울

모든 행동에는 그 책임이 따른다. 그 행동들이 자신의 의도가 아니었다 하더라도 태도와 언행, 자세로 인해 발생한 일에 대해서는 책임을 회피할 수 없다.

어떤 회사의 면접상황을 예시로 들어보자. 얼마 전 어느 회사 인사부장이 이런 말을 한 적이 있다. "친구를 현관 앞까지 데리고 오는 사람은, 입사시험 성적이 좋더라도 떨어뜨린다. 그런 사람은 회사에 들어와서도 눈에 띄지 않는 곳에서 어떤 일을 할지 알수 없고 일에 대한 자세가 좋지 않을 것이라 생각되기 때문이다." 필자는 이 말을 듣고 굉장히 큰 충격을 받았다. 단지 친구를 현관에 데려왔다고 해서 면접에서 떨어진 응시자가 가여웠던 것도 있지만, 그러한 사소한 행실 하나하나를 살펴보면서 함께 일할 직장 동료를 구하는 부장의 세세함에 경이를 느낀 것이다.

이 글을 읽는 독자들은 '회사 내부도 아니고 단지 현관 앞에 데려왔을 뿐인데, 또 어쩔 수 없는 사정도 있을 수 있는 거 아닌가?' 하는 생각을 할지도 모르겠다. 하지만 인사부장은 상황이 아닌 행실에 주안점을 두고 있음을 알아야 한다. 그는 응시자가 보인 아주 사소한 행실 하나만을 보고 그 응시자가 만약 더한 상황에서 어떤 행동을 보일지를 예측함으로써, 부적격하다는 판단을 내린 것이다. 이처럼 어떤 상황들 속에선 우리들은 사소한 행실 하나로도 크나큰 책임을 지곤 한다.

사소함에 대한 최선의 대비

무슨 일이 일어나더라도 책임은 모두 자신에게 있다는 사실을 명심해야 한다. "자신의 부주의로 생겨난 잘못은 즉시 책임을 져라."라고 그라시안Geurasian이 말한 것처럼 말이다.

늘 자신을 돌아보고 조심성 있게 행동하도록 하자. 타사를 방문할 때도 누군가가 현관에 들어서기 전부터 당신의 모습을 보고 있다고 생각하자. 현관 앞에서 무언가를 버린다거나, 특정인의 얼굴을 쳐다본다든가 하는 결례를 피하고, 회사 근처에서부터 마음을 가다듬고 단정히 하고 절도 있는 태도를 취해야 한다.

모든 책임을 감수하는 자만이 성공을 한다

직장에서든 인생에서든 무슨 일이 일어나느냐 하는 것은 중요하지 않다. 나머지 대다수는 내가 어떻게 대응을 하냐에 달려있기 때문이다. 모든 것이 전적으로 자신의 행동의 책임이다. 어떤 것이든 타인에게 전가시켜서는 안 된다. 링컨은 " 자신의 얼굴에 책임을 져야 한다."라고 연설 중에 말한 바 있다.

책임과 권위는 동전의 양면과도 같다. 권위 없는 책임이란 있을 수 없으며, 책임이 따르지 않는 권위도 있을 수 없다. 책임이란 말을 빼버리면 인생은 아무 의미도 없다. 성공을 통해 지위와 권위를 얻은 여성은 최소 자기 자신이 한 행동에 대한 모든 책임을 질 줄 아는 사람이다. 자신의 행동에 대해 완벽히 책임지는 사람이 타인을 배려하고 그들을 하나로 끌어 모을 수 있는 힘을 가진 것이다. 조금 힘들다고 해서 본인의 책임의 상사나 남성에게 전가하려는 여성은 성공으로부터 항상 저만치 있다는 사실을 항상 명심하자.

One Point Lesson

"살아서든 죽어서든 너의 책임을 완수하라."는 러스킨의 말을 떠올려 보자.

손님으로서의 **품위**

항상 내가 회사의 대표라는 마음가짐

우리는 하나의 큰 뜻을 이루기 위해 수만 번의 걸음을 한다. 수많은 방문과 대상과의 접촉을 통해 하나의 임무를 완수해야만 본인의 가치를 높일 수 있다. 그러기 위해서는 한 번의 사소한 방문이더라도 자신이 회사를 대표하고 있다는 마음가짐이 필요하다. 방문했던 일이 잘 안 풀린다면, 그것은 곧 회사에 낭패를 주는 것이다. 이와 마찬가지로 상대방에게 좋은 평가를 받았다면 회사가 좋은 평가를 받은 것과 다를 바가 없다. 이 같은 마음자세로 임해야 한다.

손님으로서 지켜야 할 에티켓

다른 곳으로 방문을 하게 될 때 반드시 지켜야 할 몇 가지 에티켓에 대해 알아보자.

첫째, 전화로 사전에 방문 목적을 알려주도록 하자. 예고 없이 갑자기 방문하는 것은 실례이기도 하고, 상대의 사정이 여의치 않을 때는 시간 낭비밖에 되지 않기 때문이다. 또 약속이 수일 후로 미루어질 때는 전날이나 당일 아침에 확인전화를 해서 미리 체크를 하는 것이 좋다.

둘째, 약속 시간을 꼭 지키도록 하자. 적어도 약속 시간 5분 전에는 도착하는 것이 예의다. 긴급한 일이 생겨 약속 시간에 갈 수 없게 되었을 때에는 지체 없이 연락부터 해야 한다. 그리고 약속 장소에 도착해서는 먼저 늦어진 것에 대해 사과해야 한다. "사람은 자기를 기다리게 하는 자의 결점을 계산 한다."라는 프랑스 속담을 명심하자.

셋째, 만남이 이루어지면 이제 상대방과 대화에 집중하자. 미팅 중 정중하고 예의 바른 행동은 고귀한 성품의 증표이고 품위다. 신중함을 유지하며 상대방의 의견에 맞춰 적절한 조율을 해야 함은 물론이다.

대화를 할 때도 상대의 말을 먼저 듣는다. 틀린 소리라 할지라도 상대가 하고 싶어 하는 말을 먼저 들어주는 것이 매너이다. 남녀노소 가리지 않고 상대가 이야기를 할 때는 열심히 경청하며 고개를 끄덕거리며 상대의 말에 호응하는 것이 좋다.

대화의 기술

중요한 자리일수록 품위 있는 억양과 말투를 사용해야 한다. 말씨는 진실하고 자연스러워야 하며 선명할수록 좋다. 대화 속도는 상대에게 맞추면서 음성의 강약을 조절하면서 적절하게 변화를 준다. 어휘 선택은 쉽게 이해할 수 있도록 하고 '품위' 있는 언어를 사용하여 회사와 자신 이미지를 높여야 한다.

한 마디의 말이 들어맞지 않으면 천 마디의 말을 더 해봐야 소용이 없다. 논점에서 벗어난 말을 백 마디 하느니 차라리 입 밖에 내지 않느니만 못한 것이다. "말이 있기에 사람은 짐승보다 낫다. 그러나 바르게 말하지 않으면 짐승이 그대보다 나을 것이다."라는 말처럼, 올바르고 품위 있는 대화습관을 들이자.

One Point Lesson

사고思考는 일종의 언어이다.

존칭에 대한
세심한 주의

○○님? ○○씨?

"이번에 선배인 김 대리님을 대신해서 내가 담당하게 되었습니다. 작년에 입사했기 때문에 많이 미숙합니다. 앞으로 잘 지도해 주십시오." 입사한 지 1년밖에 안 된 사람이 자기소개를 했다. 이 말 가운데 어디가 잘못되었는지 알겠는가? 한번 생각해보자.

가장 먼저 눈에 들어오는 것이 존칭이다. 외부 사람에게 자기 회사 사람을 말할 때는 '님'이나 '씨' 등 존칭을 붙이는 것은 절대 금물이다. 선배라는 단어도 필요 없고, '내가' 혹은 '나'라는 말 역시 마찬가지로 적합한 어휘가 아니다.

'호칭'은 많은 사람들이 실수를 하는 부분으로 비즈니스 사회에서는 특히 주의해야 하는 예절이다. 1인칭일 때는 '저', 단체인 경우에는 '저희'라고 표현하는 것이 옳다. 2인칭일 때는 '분'을 쓰는 데, 자기 회사의 임직원은 'ㅇㅇ부장' 하고 직함명만 부른다. 손님일 경우에는 '님' 자를 붙이는 것이 좋다. 물론 앞에서 말한 것처럼 외부 손님에게 자기 회사 직원을 말할 때에는 상사일지라도 '님'과 같은 존칭을 붙여서는 안 된다. 'ㅇㅇ회사의 ㅇㅇ사람'이 아니라 'ㅇㅇ회사의 ㅇㅇ분'이라고 해야 한다.

비즈니스 사회의 터부를 확인하자

가장 기본적인 예만 들었지만, 이외에도 잘못된 점을 많다. 이를 발견했을 때는 즉시 고쳐 나가도록 노력해야 한다. 작은 예의 범절에 조심한다면 인생은 더 살기 쉬워진다.

비즈니스 사회에서는 특히 아무리 사소한 사항이라도 상대에 대한 예의를 지키지 못한다면 비즈니스에 적합하지 못한 사람으로 낙인찍히기 쉽다.

"남들을 감동시키려면 우선 자기부터 감동하지 않으면 안 된다. 그렇지 않으면 아무리 뛰어난 작품이라도 생명이 길지 못하다."라고 밀레가 말한 것처럼 사리를 아는 여성은 자기를 세상에 적응시키고, 사리를 모르는 여성은 자기에게 세상을 적응시키려고 한다.

비즈니스 사회에서 성공하고 싶다면 지금까지의 삶에서 몸에 밴 습관은 조속히 버리고 비즈니스 사회의 대화법, 그중에서도 기본이 되는 호칭부터 신경을 쓰도록 하자. 대화 전에 상대방에 대한 호칭과 존칭을 어떻게 하여야 할지 생각해두는 것이야말로 직장 여성인의 기본 소양이다.

　여성의 언어로 세일즈를 하라는 말이 있다. 그것은 부드럽게 상대방을 배려한다면 그 유혹에 매료되지 않는 이가 없다는 말이다. 하지만 공손한 태도로 상대방을 배려함은 세일즈에 있어 매우 필요하지만 허위를 위한 공손은 비겁한 태도이다. 가장 기본적인 것은 상대에 대한 진심임을 잊지 말자.

One Point Lesson
될 수 있으면 잘난 것만 내세우지 마라. 너무 주목을 끌면, 그것이 화근이 된다.

잠시의 태만이
하루를 망친다

영업사원의 올바른 자세

　외부에서 활동하는 영업사원들은 특히 행동을 조심하며 자기관리를 해야 한다. 회사에서 나가 돌아올 때까지 밖에서 어떻게 행동하면 좋을지는 자신들이 결정해서 실행하는 것이다. 영업사원들의 경우 자신의 업무가 상사와 동료들의 눈에 띄지 않는다고 "오늘은 기분이 내키지 않으니까 적당히 넘기자."는 게으른 마음을 먹기도 한다. 밖에 나가면 안 그래도 유혹거리가 많은데 이렇게 나태한 마음을 먹게 된다면 어떤 결과가 나올지는 말하지 않아도 뻔하다.

　적당히 게으름을 피우고 회사에 돌아온 사람은 어딘지 모르게 표가 나는 법이다. 하루 활동보고서 안에 거짓이 들어 있으면 굳이 상사가 추궁하지 않더라도 드러나고 만다. "머리만 감추고 꽁지는 감추지 않는다."는 속담이 있다. 꿩은 풀 속에 머리를 박고 자신이 숨었다고 생각하지만 정작 꽁지가 풀 밖으로 드러나 보인다는 뜻으로, 어리석은 사람을 비유한 것이다. 자기 양심에 걸리는 짓을 하면 행동은 숨겼다 하더라도 마음의 거리낌은 얼굴에 그대로 나타나는 법이다. 하찮은 일로 자신의 얼굴과 신용을 망치는 일은 없어야 한다.

노동의 중요성

쉼 없는 노동의 중요성이 비단 현대사회에만 강조되는 것은 아니다. 사마천의 『사기』에는 "하루를 일하지 않으면 백 일을 먹지 않는다." 하여 노동의 중요성을 강조한 말이 쓰여 있다.

백장희해라는 당나라 승려는 백상신에 살면서 선문의 의식제를 확립하고 선종의 독립에 필요한 기초를 닦아 놓은 분이다. 그분은 매일 일정한 시간에 밭에 가서 일하기에 건강에 해로운 것 같아서 주변 사람이 농기구를 감추었더니 그 연장을 찾아다니며 그날은 아무것도 먹지 않았다고 한다. 옛 선인들이 이렇게 노동의 중요성에 대해 인지하고 몸으로 실천했다.

현대사회의 노동은 효율성을 강조하고 그에 따라 업무를 진행하는 것이 많이 수월해졌지만 그렇다고 일을 게을리해도 된다는 것은 아니다. 하물며 몸으로 직접 뛰는 영업사원이 나태에 젖어 본인의 업무를 게을리한다면 당장은 티가 나지 않더라도 회사는 조금씩 기울어지기 마련이다. 외부에 있더라도 항상 회사 내에 있다는 마음가짐이 필요하다.

심장이 뜨겁게 뛰는 자는 언제나 움직인다

지난 세기에만 해도 영업은 남성의 전유물이었으나 이제는 영업 전면에 나선 여성들을 흔히 볼 수 있다. 빛나는 미래는 끊임없이 움직이는 여성의 것이다. 놀고먹는 자는 진정한 생산의 기쁨을 누릴 수가 없다. 게으름뱅이의 손에 누가 권력이나 명예를 안겨주겠는가? 본연의 임무가 영업이 아니더라도 항상 나는 영업자라는 마음을 가지는 것이 중요하다. "게으른 자는 악마의 베개이다."라는 네덜란드 속담을 곱씹어야 할 때이다. 누가 말하지 않아도 스스로의 일은 근면성실하게 끝마치는 성숙한 커리어 우먼으로서의 태도를 가지자.

One Point Lesson
살아가는 태도를 갖추는 데는 오랜 시간과 노력과 행동이 필요하다.

일에 대한
기본을 지키다

현장을 중시하라

이론과 논리만으로 따지다 보면 아무것도 해결되지 않는다. 살아 있는 정보가 흘러넘치는 현장으로 가서 직접 눈으로 보고 피부로 느껴야만 답을 얻을 수 있다. 지금 하고 있는 일이 난황에 부딪쳤다면, 직접 현장에 나가 보자. "현장에서는 퍼 올리는 물은 절대로 마르지 않는다."는 말이 있다. 이 말은 괜히 나온 말이 아니다. 현장에 해결책이 있다는 은유인 것이다.

작은 일에도 전력을 다하자

저서 『사람을 움직이다』로 유명해진 데일 카네기는 "그리 대단치 않은 일에도 과감하게 전력을 경주하라. 일을 하나씩 정복할 때마다 실력이 더해진다. 작은 일을 훌륭하게 해내면 큰일은 저절로 처리된다."고 말한 바 있다. 그것은 바꾸어 말하면 작은 일조차 제대로 처리하지 못하는 사람은 절대로 큰일을 정복할 수 없다는 뜻이다.

눈앞에 주어진 일을 작은 일이라 생각하고 건성으로 처리하는 것은 자신의 성장을 저해하는 요인이 된다. 또한 상사의 입장에서도 작은 일을 건성으로 처리하는 사람에게는 절대로 큰일을 맡기지 않기 마련이다. 결과적으로 그 사람은 본인이 생각하는 대로 작은 일밖에는 하지 못할 것이다. 작은 일이라도 전력투구해야 하는 이유다.

오늘 할 일 중, 내일 해도 될 일은 없다

이제 그날 해야 할 일은 그날 중에 끝내도록 하자. 바쁜 날이 계속되다 보면 자칫 매일 해야 하는 기본적인 일을 소홀히 하기 쉽다. 이런 일들은 내일 하려고 마음먹었다가도 막상 다음날이 되면 또 미뤄져서 그 다음날을 기약한다. 그러다가 결국 정리하기 어려울 정도로 많이 쌓여 버리고 만다. 그날 하지 않으면 안 될 일은 비록 잔업을 하는 한이 있더라도 깨끗이 처리해야 한다. 대체로 '내일 하자'는 생각은 게으른 사람들의 대표적인 행위이다. 절대로 내일 아침에 하자는 말을 해서는 안 된다. 아침이 일을 다 하기 위해 기다려 주는 것이 아니다.

일을 미루다 보면 기분부터 나빠진다. 다음날 아침이 되면 "이것은 어제 일이지." 하고 더욱 마음이 우울해지는 것이다. 눈앞에 어제 일이 남아 있는 것을 보면 일의 능률이 나지 않는 법이다. 그날그날 깨끗이 마치고 나면 일의 성과도 분명해져서 내일 할 일에 대한 밑거름이 된다. 이는 일에 임하는 데 있어 작은 활력소이자 자극제의 역할도 한다.

목표라는 항구를 모르는 여성에게 순풍은 불지 않는다. 말끔히 그날 일을 마치고 퇴근 후의 시간을 즐기는 편이 훨씬 더 기분 좋을 것이다. 얼마 안 되는 잔업 시간을 아깝게 여겨 다음날로 미루는 일이 없도록 하자. 하루하루 명확한 일처리는 자신에게 나날이 성장을 안겨줄 것이다.

One Point Lesson
일은 스스로 찾아서 하는 것이다. 남이 시킨 일만 하는 자는 잡일꾼이다.

대충대충
이룬 성공은 없다

건성으로 한 작은 일이 큰 화를 부른다

고품격의 서비스는 상대를 배려하는 마음과 탄탄한 실력이라는 두 가지 핵심요소가 뒷받침 되어야 한다. 이는 하나의 대한 업무를 최선을 다해 끝마치는 태도가 기본이 된다. 건성으로 한 일은 반드시 티가 나게 되는 법이다.

지인이 신축 아파트에 입주했을 때 겪은 이야기이다. 겉보기에는 아주 깨끗하게 잘 지은 것 같아 계약을 했는데, 실상을 살펴보니 아파트가 날림으로 지어져 여러 가지 흠이 발견되었다고 한다. 환기장치가 잘 되지 않아서 화장실에는 곰팡이가 피고, 문은 비뚤어져 잘 닫히지도 않는 등 건성으로 일을 처리한 것이 이루 말할 것 없이 많았던 것이다. 지인은 한동안 분개하다가 이사를 한 지 얼마 되지도 않아 다른 아파트로 옮겼다.

건축회사에서는 겉모양만 번지르르하게 준공 날짜만 맞추면 되겠지 하는 생각이었겠지만, 결국 회사 전체의 이미지가 실추되고, 원래 거둬야 할 성과도 모두 수포로 돌아갔다. 부실하게 완공한 아파트는 보수공사를 하지 않으면 아무도 들어가는 사람이 없을 것이다. 그만큼 신용은 떨어지고, 경우에 따라서는 손해보상금을 지불해야 한다. 날림공사를 했기 때문에 막대한 보상금까지 물어야 하는 것이다. 안일한 생각이 더 힘든 결과로 이어진 것이다.

아무리 작은 일이라도 건성으로 처리한다면 반드시 좋지 않은 결과가 나타난다. 건성으로 한일은 절대로 통용되지 않는다. 반대로 맡겨진 책임에 충실하면 기회는 스스로 만들어진다. 순간의 태만이 일을 건성으로 처리하게 하고 이는 막대한 책임으로 돌아오며 성공은 멀어져 간다.

구체적인 형태로 목표를 세우고 최선을 다하라. 열의 없이 위대한 것이 이루어진 적은 없다. 모든 인류의 역사가 그것을 증명한다.

회사는 자기 집 안방이 아니다

하나의 회사에 몸담고 있다면 본인이 맡은 업무에 있어서는 희생을 감수하더라도 책임을 다해야 한다. 개인적인 사정으로 부득이하게 업무를 다하지 못하는 경우도 있지만, 이따금 업무를 피하기 위해 개인적인 사정을 만드는 경우도 목격한다. 이는 딱 잘라 말해 태만에 가까운 행위다.

JFS는 각 카드사의 꽃바구니와 다양한 선물을 배송하는 아웃소싱회사이다. 처음 창업을 한 1984년부터 17년을 운영하였다. 회사는 어린이날, 어버이날, 스승의 날, 성인의 날, 발렌타인데이, 화이트데이 등의 기념일에 몹시 바빴다. 특히 5월은 잔업이 많은 달이다. 그런데 그 바쁜 와중에도 "오늘은 약속이 있어 (잔업을) 할 수 없습니다." 하고 딱 잘라 거부하는 직원이 있었다. 그 태도가 얼마나 단호하던지, 아주 중요한 일이 있는 것 같아서 정시퇴근을 허락했다. 그런데 나중에 다른 직원에게 물어보고 나서야 그 개인적인 사정이 데이트였다는 것을 알게 됐다.

이 말을 듣고 그만 맥이 풀리고 말았다. 요즘 젊은이들은 회사 일보다 데이트가 더 중요한가 보다 생각했다.

회사에 잔업이 있다는 것은 일이 매우 바쁘다는 것이다. 일이 긴박한 상황에 놓여 있다는 것을 알고 있었을 텐데도 데이트 약속을 해 놓고, 일보다는 그쪽을 우선으로 생각하는 것은 직장여성으로서 매우 부끄러운 행동이 아닌가 생각됐다. 데이트를 하지 말라고는 않겠으나, 본인이 책임져야 할 잔업을 염두에 두고 행동하는 성숙함을 길러야 한다. 조언하고 싶다.

"젊었을 때 태만한 자는 늙어서 도적이 된다."라는 덴마크 속담이 있다. 태만은 곧 도둑질이나 마찬가지다. 팀워크로 일하는 직장에서, 다른 직원들의 성과에 편승하여 빈둥거린다면 도둑질을 하는 것과 다를 바 없다. 자기 혼자만을 생각하는 태도로는 직장

안에서 고립되고 말 것이다. 조직이 왜 구성되었는지를 생각하고, 팀의 업무에 대해 성실한 책임감을 가져야 한다. 스스로와 조직 전체를 위해서 말이다. "태만은 모든 악의 근원이요, 근본이다."라고 영국 철학자, F.베이컨이 말한 것처럼 책임감을 갖고 일을 하도록 하자. 일의 대소를 불문하고 책임을 다하면 꼭 성공한다.

One Point Lesson
물이 흐르지 않으면 썩듯이 태만은 몸을 둔하고 쇠약하게 만든다.

규율은 종교의 양식과 닮은 점이 있다.
얼핏 보기에 하찮은 것같이 보이더라도
그것이 인간을 만든다.

- 생텍쥐페리

PART
05

비즈니스는
룰이 있다

룰Rule이 지배하는 세상

회사는 학교가 아니다

그동안의 학교생활과 현재의 직장생활은 어떤 점이 다른가. 그 차이점에 대해 생각해 본 적이 있는가? 직장생활은 학교생활과는 달라서 여러 가지 제약이 많다는 것을 느낄 것이다. 직장은 학교와 달리 '조직organization의 논리logic'가 적용되기 때문이다. 직원 개개인이 학교생활같이 자유분방하게 행동했다가는 직장이란 조직은 목적을 수행할 수 없게 된다.

조직이란 하나의 규율 아래서 각 개인이 개성을 발휘해 나가는 집단을 말한다. 아무런 규율도 없다면 다수가 개인플레이를 하는 것에 지나지 않게 된다. 직장생활의 제약 조건을 규정해 놓은 것이 업무 규정 또는 규칙이다. 업무 규정 또는 규칙은 직장에서 어떻게 행동해야 되는가 하는 규범을 명문화한 것이다. 몇 시에 출근해서 몇 시에 퇴근해야 하는가, 휴가를 받기 위해서는 어떤 절차가 필요한가? 등 마치 손발에 족쇄를 채워 놓은 것과 같은 기분이 들겠지만 조직을 효과적으로 운영하기 위해서는 없어서는 안 될 중요한 규칙이다. 이것을 잘 지켜 나감으로써 회사는 조직으로서의 활동을 원활하게 해나갈 수 있다.

   나라의 헌법이 국민의 의무인 것과 마찬가지로 업무 규정 또는 규칙은 직원으로서의 의무이다. 규칙과 규율을 잘 지킨다는 것이 행복한 인생의 전제 조건이다. 그러나 업무 규정 또는 규칙을 잘 모르는 여성이 있다. 입사한 기간이 얼마 되지 않았다면, 업무규정과 규칙을 더 숙지해야 한다. 규율은 하찮은 것일지라도 지켜져야 의미가 있기 때문이다.

   회사는 규율에 무관심한 직원들의 태도를 항상 지켜보고 있다. 직원들의 자유분방한 행동을 그대로 묵과하는 것이 아니다. 주의를 주지 않더라도 스스로 잘 지키겠지 하는 신뢰 풍토를 정착시키기 위해 잔소리를 하지 않을 뿐이다. 회사의 신뢰를 배신하는 행동을 해서는 안 되는 것이다. "회사에서 할 수 있는 복지 중 가장 큰 복지는 강한 규범 속의 강한 자기 개발 시키는 것이다." 삼성전자에서 마케팅 성공신화를 일으켰던 전옥표의 말이다.

규율이 주는 진정한 자유

   규율은 우리에게 어떤 의미를 갖고 있을까? 회사라는 조직이 목적을 향해 원활하게 움직이기 위해 꼭 필요한 것으로, 조직만을 위하는 것이 아니라 개인에게도 유익한 것이다. 프랑스의 소설가 생텍쥐페리는 "규율은 종교의 양식과 닮은 점이 있다. 얼핏 보기에 하찮은 것같이 보이더라도 그것이 인간을 만든다."라는 명언을 남기도 했다.

회사의 규율은 회사를 위해 있는 것이 아니라 당신을 위해 있는 것이다. 제멋대로 행동하는 여성은 정점에 도달할 수 없다. 여러 가지 제약조건은 그 속에서 자신을 갈고 닦아 인간으로서의 품격을 갖추게 되는 일종의 페이스메이커이다. 때문에 규율을 하찮은 것으로 생각하면 스스로 자신의 성장을 거부하는 것이다.

엄격하게 그러나 따뜻하게

모든 조직의 비애는 결국 애정 결핍에서 생긴다. 여성리더들이 조직을 이끌어 갈 때, 남자들이 걸어온 길을 그대로 답습해야 할 이유가 없지 않은가. 여성들의 성공 여성들의 인사 관리는 뭔가 달라야 하지 않겠는가? 동료 들 과의 따뜻한 보살핌을 기본으로 세워진 인사 정책은 실패하지 않는다. 엄격할 땐 엄격하지만 항상 포용력을 발휘하는 따뜻한 여성 리더십은 인사 관리와 조직 관리는 기존과 또 다른 성과를 보여줄 수 있을 것이다.

One Point Lesson

포기하고 싶을 때 오히려 오기로 더 강렬한 에너지를 뽑아내야 한다. 포기는 자신을 무기력하게 'down'시키고 오기는 자신을 'up'시킨다.

에티켓은
성공을 위한 티켓

악수 예절

자신감 넘치게 악수를 건네자. 악수를 할 때는 적극적인 자세를 가져야 한다. 상대방의 손을 두 손으로 맞잡는 식으로 받아들이는 것은 올바른 자세가 아니다. 구부정한 자세는 자신감 없는 여성으로 보이게 만든다. 허리를 펴고 어깨와 목을 세우고 상대를 대해보도록 하자. 상대가 외국인일 경우, 악수 대신 볼에 가벼운 키스를 하는 경우도 있다. 그럴 때는 긴장하지 말고 자연스럽게 응하는 편이 좋다. 손을 잡은 채로 흔드는 여성도 있다. 그럴 경우는 "반갑습니다." 같은 간단한 대화로 보조를 맞춰주고, 가능한 따라 흔들지 않도록 한다.

악수하는 상대방과 눈을 맞추는 것도 중요하다. 악수하는 동안 상대방의 눈을 응시하며 미소를 지어주자. 부끄럽다고 악수를 청한 상대방의 시선을 피하거나 쭈뼛거린다면 예의 없는 여성이 될 수도 있다. 앉아있는 상태에서 상대가 손을 내민다면, 앉은 자리에서 악수하지 말고, 일어나서 악수를 받아야 한다.

행실은 자신의 이미지를 보여주는 거울이다. 악수하면서 미소로 상대방과 교감하고, 상대의 말에 귀를 기울여보자. 처음 만나는 사람과 대화할 때는 심문하는 식의 어투는 금물이다. 상대에게 주저하지 말고 자신 있게 말하도록 하고, 필요 이상의 말은 아끼는 습관을 가져야 한다.

직장여성의 에티켓은 회사의 얼굴

'에티켓Etiquette'이란 말은 프랑스 말로 '꼬리표' 또는 '티켓'을 뜻하는 말이다. 과거 궁정에서는 궁정 인이나 각국 대사의 주요 순위를 정하고, 그에 수반하는 예식의 절차를 정한 후 내용을 적은 티켓을 나누어 주었다. 이것이 시초가 되어 사람들은 예의에 맞는 행동을 '에티켓'이라 부르게 됐다.

직장여성의 에티켓은 회사의 얼굴이며 회사 이미지 판단의 기준이 된다. 이에 대한 결과는 상대의 눈에 드러나는 것이기에 항상 주의를 기울일 필요가 있다. 미소로 보내는 상냥함은 하나의 전략적 습관이다. 에티켓 마케팅, 즉 고객 감성을 자극하여 한번 고객이 평생고객이 되도록 하는 에티켓 마케팅 이해와 전략의 필요성을 인식해야한다. 직장여성의 서투른 에티켓은 비즈니스를 망쳐버리기도 한다. 나쁜 매너는 이성도 정의도 깨뜨리고 만다. 기분을 상하면 아무리 좋은 조건이더라도 멀리하게 되는 것이 인간의 심리다.

반대로, 부드러운 마음씨에는 누구나 솔직하고 진지하게 칭찬을 표하게 된다. 에티켓을 철저히 지키는 겸손하게 되고, 예절 바르며 고결한 사람에게는 불만이 생길 리가 없다. 에티켓은 선택사항이 아닌 필수적으로 갖춰야 할 기본 소양이다. 언제 어디서나 인정받는 여성리더가 되기 위해 먼저 기본이 충실한 여성이 되어 보자.

One Point Lesson
당신의 최대의 적 역시 당신 자신이다.

명함은
본인의 얼굴

명함 교환 시의 예절

먼저 다른 회사를 방문했을 때의 상황을 살펴보자. 상대가 초면인 경우에는 명함을 교환하는 것이 좋다. 간혹 명함을 깜박하는 경우가 있는데 출발하기 전에 명함을 확인하는 습관을 들이도록 하자. 사회는 장난이 아니다. "명함을 준비하지 못해 죄송합니다." 라는 변명은 통용되지 않는다. 여러 건의 방문이 잇달아서 정말로 명함이 떨어졌을 경우에는 명함 크기의 백지 카드를 사서 펜으로 깨끗하게 쓴 다음 "대단히 죄송합니다만, 준비한 명함이 떨어져서…" 라고 서둘러 꺼내는 것이 좋다. 상대가 먼저 명함을 건네는데 방문한 쪽에서 명함을 찾는 것은 여러모로 예의가 아니다.

상대의 명함을 받을 때는 원칙적으로 두 손으로 공손히 받아야 한다. 만약 상대와 거의 동시에 명함을 꺼냈을 경우에는 바른손으로 명함을 주고 왼손으로 받도록 한다. 어느 쪽이든 간에 이 동작은 상대에게 가까이 다가가서 주고받아야 한다. 한쪽 손을 쭉 뻗어서 건네는 것은 아주 실례되는 동작이니 삼가는 것이 좋다.

명함 관리의 중요성

받은 명함은 책상 위에 올려놓고 상대의 직함이나 이름을 외워야 한다. 상대가 여럿인 경우에는 앉은 순으로, 자리배치 대로 늘어놓는다. 책상 위에 놓인 명함은 흐트러짐 없이 바르게 놓아두도록 하자. 책상 아래로 떨어뜨린다든지 서류 속에 섞여 들어가는 경우가 없도록 주의하자. 명함은 본인의 얼굴이다. 자기 명함이 함부로 취급당하는 것만큼 불쾌한 일은 없다. 따라서 명함을 대할 때도 정중함을 잃지 않아야 한다. 예절의 기술은 모든 사회적 관계를 향상시킨다.

간혹 명함에 간략하게 메모를 남기는 경우도 있다. 상황이 여의치 않더라도 이 방법은 윗사람에게는 큰 실례가 되므로 남발하지 않는 것이 좋다.

One Point Lesson
서로 만나 힘을 주고받아야만 성장할 수 있다. 여성끼리 칭찬과 격려를 아끼지 말고 서로를 키워나가는 기쁨을 만끽해보자.

통화 예절

통화는 상대방을 눈앞에서 보듯이

전화를 받을 때는 수화기 너머에 내 모습이 있는 것처럼 생각하자. 내가 상대를 어떻게 대하느냐에 따라 상대에게 전해지는 나의 인상은 달라진다. 얼굴을 직접 마주하고 있건 아니건 상관없이, 예절은 오직 목소리로만 이야기하는 전화통화에도 요구된다.

간혹 공손하게 응대하려는 마음이 커서 묻는 말에만 대답하는 경우가 있다. 하지만 이는 지나치게 소극적인 태도로 상대방을 불편하게 만들 수도 있다. 오히려 상대방은 적극적인 태도에서 친절하다는 인상을 받는다.

전화가 잘 들리지 않을 때는 상대에게 한 번 더 말해 줄 것을 요청하거나 다시 걸어주도록 정중히 요청하는 것이 좋다. 잘 들리지 않는 전화를 놓지 못하고 끙끙 앓는 것은 대화의 맥을 끊거나 내용을 잘못 전달하는 등의 사고를 야기하기 때문에 결과적으로 모두에게 해가 된다. 따라서 전화가 잘못 걸려왔을 때는 친절하고 정중하게 상대방이 무안하지 않도록 응대하는 것이 좋다.

통화 도중에 전화가 끊길 때가 있다. 그럴 때는 원칙적으로 건 쪽에서 다시 거는 것이 예의다. 기다려도 전화가 오지 않을 때에는 번호를 아는 경우 다시 전화를 걸어 전화가 끊긴 것에 대해 "고객님 죄송합니다. 전화가 잠시 끊겼습니다."라고 사과하고 다시 이야기를 시작하는 것이 좋다. 갑자기 기침이나 재채기가 나올 때는 수화기를 손바닥으로 막고 들리지 않도록 하고 양해를 구한 다음 통화를 계속한다.

통화 도중에 고객이 왔을 때는 모른 척하지 말고 통화중이더라도 가벼운 눈인사나 목례로 응대를 하도록 하자. 물론 통화는 가능한 빨리 끝마치도록 한다. 피치 못할 사정으로 통화가 길어질 경우에는 미리 양해를 구하는 것이 좋다. 급한 경우 다른 직원에게 방문 고객을 응대하도록 하는 것도 방법이다.

상대방의 문의나 조회사항으로 전화를 잠시 중단해야 하는 경우에는 통화 대상에게 "죄송합니다. 잠시만 기다려 주시겠습니까?" 하고 양해를 구한다. 용무가 끝난 후에는 "오랫동안 기다리셨습니다. 기다리게 해서 죄송합니다."라고 말하는 것이 기본이다.

지나치기 쉬운 전화 응대 한 통이 자신의 이미지와 회사이미지를 결정할 수도 있다.

실제로 전화상에서의 한 마디가 사업의 승패를 가르는 경우도 있다. 회사에 갓 입사했을 때는 신입사원 교육을 통해 배우기도 하고, 긴장된 마음으로 회사생활을 하기 때문에 전화 응답하는 태도가 좋은 편이지만, 조금 익숙해지고 나면 초심을 잊어버리기 일쑤다. 일처리는 능숙하지만, 룰을 무시하는 대답은 상대에게 불쾌감을 줄 때가 많다.

한 통의 전화가 사업을 좌우한다

어느 회사에 전화를 걸었을 때의 일이다. 담당자가 없기에 전화를 받는 사람에게 전갈을 부탁하게 됐다. 부탁한 내용이 조금 길기는 했으나 어쩐지 전화를 받는 상대에게서 몹시 귀찮아하는 것 같은 느낌을 받았다. 역시나 통화 이후 담당자에게 전화도 오지 않았고 부탁했던 일은 결국 실행되지 않았다. 차후 담당자에게 이 사실을 통보하고 그 일에 관한 거래를 중지하기로 했다. 상대방 회사의 상사가 직접 찾아와 사과도 건넸지만 이미 일은 수습할 수가 없었다. 결국 그 회사는 전화 받는 태도 하나 때문에 중요한 거래를 중지 당했다. 이렇듯 전화 응답을 소홀히 하다가는 회사에 큰 손해를 입을 수도 있다는 사실을 알아야 한다.

One Point Lesson
전화 중에 필요한 내용은 메모를 하는 것이 좋다.

통화 용건
전달은 명료하게

전화 내용 전달 시의 요령

무엇이든 용건을 전달해야 할 입장이라면 전달받는 사람을 위해 핵심적이면서도 간단하게 내용을 알려야 한다. 특히나 상대가 보이지 않는 전화상의 용건 전달은 더욱 간단명료하게 매듭지을 필요가 있다. 전화를 걸 때도 물론이지만, 받아서 담당자에게 중개할 때도 요령이 있어야 한다.

중개할 때 시간이 오래 지체되면 상대의 기분이 불쾌해진다. 경험해 본 여성은 알겠지만, 관공서에 어떤 일을 문의하면 최종 답변을 듣기까지 몇 번씩이나 같은 말을 되풀이하지 않으면 안 된다. "그것은 아무개가 담당이다. 전화를 돌려주겠다."는 식의 응대를 몇 번씩이나 반복해야만 목적을 이룰 수 있는 것이다. 만약 관공서처럼 회사가 이런 말을 반복하게 된다면 회사의 신뢰는 무너지고 말 것이다.

전화를 받은 경우 무엇보다 상대의 목적을 재빨리 파악하는 것이 중요하다. 만일 전화 상대가 담당자의 이름을 지명하지 않는 경우에는 빨리 용건을 확인하고 "그 일은 ○○○가 담당이니 곧바로 바꿔겠다." 말하고 당사자에게 전화를 넘기는 것이 좋다. 상대의 용건을 다 듣고 나서 전화를 옮긴다면 상대방은 또 다시 같은 말을 되풀이해야 하는 번거로움이 생긴다. 만일 용건 내용이 분명하지 않아서 이야기를 다 듣고 났을 경우에는 해당 업무 담당자에게 간결하게 통화 내용을 전하고 전화를 바꿔주도록 한다.

혹시나 담당자가 자리에 없을 경우에는 전달 형식이 되므로 요점을 명확히 파악하지 않으면 안 된다. 가능한 상대가 같은 말을 되풀이하지 않을 수 있도록 내용을 잘 정리하여 전달하도록 하자.

상대에게 집중하자

전화를 중개할 때는 전화기 바깥의 소리가 상대의 귀로 들어가지 않게 조심해야 한다. "어느 회사 부장에게 전화를 했더니 자리에 있으면서 없다고 하라는 부장의 명령조 목소리가 들려왔어요. 수화기를 손으로 막지 않고 부장에게 중개한 남자 직원의 실수였겠지만, 화가 나서 당신 가까이에 있는 '외출하셨다.'는 부장에게 한 시간 후에 다시 전화하겠다고 전해주세요 하고 끊어 버렸습니다." 회사의 경리 담당자가 실제로 겪은 일화로, 위의 경우처럼 있으면서도 없다고 따돌리는 경우가 더러 있다. 이처럼 전화기 바깥의 소리가 상대의 귀에 들어가 좋지 않은 결과를 만들 때가 있다.

전화 곁에서 다른 말소리가 들리면 수화기의 소리를 알아듣기 어렵다. 전화 통화는 응접실에서 마주앉아 대화하는 것과 다를 바 없다. 주위를 조용하게 정돈하여 잘못 듣는 일이 없도록 해야 하며, 전화 바깥에서라도 상대를 중상모략 하는 말은 절대로 뱉지 말아야 한다.

One Point Lesson

예의의 시작은 자세를 바르게 하고, 얼굴빛을 환하게 하며 말을 삼가는 데 있다.

공과 사의
명확한 구분

비품의 소중함

회사에 갓 입사했을 때는 볼펜이나 가위 같은 용품들을 대할 때도 회사의 물건이라는 것을 자각하고 조심성을 가진다. 그러나 차츰 직장생활에 익숙해짐에 따라 무의식중으로 호주머니에 넣은 채로 집에 가지고 가서는 방치해 버리거나 함부로 사용하다 파손하는 등 공과 사의 구분이 사라지게 된다. 업무를 집에 가지고 갔을 경우에도 마찬가지로 회사 비품을 쓰고 그대로 집에 놔두고 오는 일이 허다하다. 회사에 비치해 둔 참고 도서도 행방불명되는 경우가 많은데, 이 역시 직원들의 집에 방치되어 있는 경우가 허다했다. 집에서 공부하기 위해 가져갔겠지만 결과적으로는 회사의 책을 사물화私物化한 것이 된다. 이로 말미암아 회사는 상당한 액수의 고정비용을 낭비하게 되는 것이다.

회사 용품을 사물화 함으로써 입게 되는 회사의 손해가 계속 누적되다 보면 아주 방대한 액수가 된다. 이는 회사에게도 직원에게도 유익한 일이 아니다. 회사 용품을 낭비하면 자기 이익 또한 감소되는 것을 알아야 한다. 작은 물건일지언정 공사의 분별이 지켜져야 하는 이유다.

여성들의 경우 비즈니스 활동에 세세한 비품이나 소모품을 많이 활용하는 편이다. 일을 하기 위해서 이 같은 용품을 자유로이 쓰는 것은 무방하지만, 내 것이 아니고 회사 것이니까 아까울 것이 없다는 듯 함부로 낭비하거나 개인적인 용도로 사용하는 일은 반드시 금해야 한다. 이는 사소해보여도 회사 입장에서는 엄청난 손실이다. 복사를 예로 들자면, 간단하게 메모해도 될 것을 복사한다든지 몇 번씩 다시 복사하는 여성이 있다. 회사용 복사는 돈을 지불할 필요가 없기 때문에 무료라는 생각을 갖고 있는 것이다. 하지만 이런 복사에 소모되는 비용도 누적되면 무시할 수 없는 액수가 되어버리는 것이다.

아무리 작은 낭비도 직원 전체의 차원에서는 엄청나게 큰 손실이 될 수 있다는 의식을 늘 마음속에 간직해야 한다. 또한 물건을 사용할 때도 그것이 다른 수고와 노력의 산물이라는 개념을 가져야 한다. 물건을 망가뜨리게 되면 그 물건은 물론 그것을 만든 사람의 수고와 노력까지 없애는 것과 다름없다. 절약은 큰 수입이다. 회사의 비품과 소모품을 내 물건같이 아껴 쓰도록 하는 습관을 들여야 한다.

사적私的 물품은 집에 있는 책상에

책상 역시 회사의 것으로 잠그지 않는 것이 원칙이다.

어떤 자료가 보이지 않아 실례인 줄 알면서도 자료를 담당하는 직원의 책상 서랍을 뒤진 적이 있다. 자료는 책상 위에서 찾았지만, 서랍을 잠긴 책상이 있다는 것을 알게 되었다. 책상 서랍을 열쇠로 잠가 놓은 사람에게 물어보면 '왜 남의 책상을 뒤지는가? 그건 프라이버시 침해'라고 주장할지도 모르겠다.

하지만 과연 그 말이 옳을까? 회사 책상은 회사 비품이지 개인의 소유물이 아니다. 책상 속에 남에게 보여선 안 될 사물을 넣어 두는 것부터 옳지 않다. 원칙적으로 직장은 일하는 장소일 뿐 사생활이 들어서서는 안 되는 곳이다. 책상 속에 개인 사물을 넣지 말라고는 하지 않지만 만약 그로 인해 중요한 업무 서류가 들어갈 수 없다면 그것은 잘못된 일이다. 이는 회사 비품을 사유화하고 있는 것이다. 따라서 책상 속에 들어 있는 것은 모두 회사의 것이어야 한다. 열쇠로 잠가야 할 중요한 서류라면 중요 서류 보관용 캐비닛에 넣어 두면 그만이다. 사물은 자기에게 배당된 공간에 넣어야 한다. 공적인 공간에서 사적인 공간을 만들지 말자. 이런 사소한 것도 모두 직장생활의 에티켓이다.

One Point Lesson

실력을 키워야 한다. 실력이란 일터에서 필요한 경쟁력이다.

소개 예절

소개는 신중히

비즈니스를 하다 보면 남을 소개시켜주기도 하고 또 소개받는 일이 많아진다. 상호간의 필요나 요구에 의해 맺어지는 이러한 소개들은 비즈니스에 매우 중요한 영향력을 끼친다. 때문에 남을 소개하고 또 소개받을 때는 조심성을 기해야 할 필요가 있다.

오래 전 세간을 떠들썩하게 했던 부정입학 사건의 이면에도 이러한 소개 과정이 있었다. 그 사건에는 한 교수의 소개가 주요한 역할을 했다. 그 교수는 주변에서 선량한 사람으로 인정받는 호인이었지만, 정작 그가 소개한 사람이 부정입학을 함으로써 공범이 되어 함께 물의를 일으킨 꼴이 되고 말았다. 사람을 소개한 것에 지나지 않는데 이보다 더한 불행한 일이 어디 있겠는가.

사회에는 이와 유사한 크고 작은 사건들이 비일비재하다. 만약 당신이 소개했던 사람이 큰 물의를 일으킨다면 당장 당신부터 업무와 관련해서는 회사 측에서 비난의 화살을 받게 될 것이며, 개인적으로는 일생 동안 안고 갈 무거운 짐을 하나 지게 될 것이다. 우리들은 이러한 우려를 줄이기 위해 '소개'의 사회적 의미를 분명히 인지하고, 남을 소개하거나 소개받을 때 신중하고 현명한 처신하고 노력해야 한다.

비즈니스란 사람과 사람이 상호 교류하며 이루어지는 일의 흐름과 성과를 포괄하는 용어다. 결국 사람이 주체가 되기 때문에 소개 행위는 필수불가결한 것이 된다. 따라서 그 책임이 무겁다고 해서 소개 자리를 피하는 것도 옳은 일이 아니다. 소개에 소극적이거나 아예 외면할 경우 입지가 좁아질 수밖에 없다.

소개의 원칙

소개란 비즈니스에서는 마치 의무와도 같은 성격을 가지고 있는 것으로, 누구나 적응해야 하는 사회생활의 일부다. 주로 사용되는 소개 방법은 크게 두 가지가 있다. 첫째는 바로 그 자리에서 소개하는 직접 소개와 둘째는 전화를 이용하거나 서면으로 소개하는 방법이다.

직접 소개를 할 경우에는 지위가 낮은 사람을 높은 사람에게 소개하는 것이 원칙이다. 예를 들면 상대 회사 부장에게 동료를 소개할 때는 "우리 회사의 ㅇㅇㅇ입니다."라고 소개한다. 동료에게 상대 회사 부장을 먼저 소개해서는 안 된다. 전화로 소개할 때에는 양자 사이가 친밀한 경우라야 하며, 서로 친한 경우에는 서면보다 전화를 이용하는 것이 의사가 잘 전달될 수 있다. 서면으로 소개하는 경우에는 정식 소개가 되므로 그만큼 소개하는 사람의 책임이 무거워진다. 서면에는 본인의 약력, 인물평, 자기와의 관계를 간단명료하게 적은 다음 봉투에 넣어 전달하는 것이 좋다.

성공은 본인이 잘해서만 이룰 수 없다. 사회에, 하나의 조직에 몸을 담고 있는 이상 타인과 끊임없이 관계해야 하며 그 관계의 시작인 소개를 잘 받고 소개를 잘해야 하는 법이다. 스치는 인연 모두에게 애정을 가지고 소개를 하는 순간, 소개를 받는 순간 최선을 다해 상대와 마주하자. 어쩌면 성공의 키는 그 상대방이 쥐고 있을지 모른다.

One Point Lesson
자신의 삶에 모범이 될 만한 위대한 인물을 찾아보자.

안내 예절

안내는 격식을 갖추어

얼마 전 회사에 찾아온 사람이 농담조로 "들어오는 입구에서 세일즈 우먼으로 오인 받았습니다."하고 말한 적이 있다. 웃으면서 말하긴 했지만 사실은 내게 불만을 토로한 것이라 생각되었다. 회사에 따라 다르겠지만 방문객이 많은 회사의 경우 이러한 방문객 응대에 실수가 빈번히 일어나곤 한다. 이를 방지하기 위해서는 인포메이션(안내 데스크)에 근무하는 직원교육을 팀장에게 당부를 하였다. 하지만 회사를 위해서라면 가능한 모든 직원들이 방문객 안내 요령을 숙지해 둘 필요가 있다.

방문객이 찾아오면 가장 먼저 그 사람을 상사나 담당자에게 안내해야 하는지 판단해야 한다. 회사에는 보험회사 설계사들이나 사무기기 세일즈맨들도 자주 찾아오므로, 방문객이라 해서 무조건 안내해야 할 필요는 없다. 별안간 찾아온 것으로 생각될 때는 "먼저 약속을 하고 오셨습니까?"하고 확인하고 나서, 약속이 잡힌 경우에는 바로 안내를 하고, 약속이 없는 경우에는 정중하게 용건을 물어보면 된다.

상대가 명함을 건네면 "○○회사 ○○님이시네요." 하고 확인을 한다. 물론 이 과정은 용건을 물어보기 전에 이뤄져야 한다. 명함은 먼저 오른손에, 왼손을 곁들이는 식으로 두 손으로 받는 것이 에티켓이다. 그런 다음 방문 용건을 물어본다. 세일즈맨으로 판단되면 "미안합니다만 지금은 시간을 내기 어려우니 다음에 미리 전화를 하고 오시기 바랍니다." 하고 정중히 사절하는 것이 좋다.

응접실 매너

첫 대면에 이어 중요한 것이 응접실 매너다. 회사를 방문하면 응접실로 안내하는 경우가 많은데, 막상 응접실에서의 매너를 잘 모르는 여성이 의외로 많다. 응접실의 어느 쪽이 상좌이고 어느 쪽이 하좌인지 알고 있어야 한다. 응접실에서는 입구에서 먼 쪽이 상좌, 가까운 쪽이 하좌이다. 상좌에는 보통 등받이와 팔걸이가 있는 긴 의자가 놓여 있다. 안내를 받는 입장이라면 입구 가까운 곳에 앉는 것이 원칙이지만, 대개는 안내한 여성이 "이쪽으로 앉으세요." 하고 상좌를 권해야 한다. 손님일 경우 안내에 응하는 것이 에티켓이다.

방문자를 응접실에서 기다릴 때는 처음부터 긴 의자에 앉아 있는 편이 번거롭지 않아서 좋다. 안쪽에 중역의 책상이 놓여 있는 경우에는 입구에 가까운 하좌에 앉아야 한다. 회사에 따라서 예외도 있으므로 잘 모를 때는 안내해 준 여성에게 "어느 의자에 앉아야 합니까?" 하고 물어봐도 상관없다. 응접실에서 상대를 기다리며 실내를 왔다 갔다 해서는 안 된다. 탁자 위에 있는 책이나 잡지 같은 것은 봐도 괜찮지만, 책장에 꽂혀 있는 책을 꺼내보는 것은 실례이다.

    그외의 경우에는 "잘 알겠습니다, 잠시만 기다려 주십시오." 하고는 방문 대상자의 자리에 가서 뜻을 전하고 합당한 지시를 받아야 한다. 이때 중요한 것은 용건을 정중하게 묻는 일이다. 함부로 세일즈맨이라고 지레짐작해서는 안 된다.

    이처럼 방문객의 안내는 항상 매너가 따라야 한다. 내부고객에 대한 서비스가 불량하면서 외부고객을 만족시킨 회사가 있다는 것은 상상할 수 없다.

One Point Lesson
고객욕구를 충족시키는 절차는 내부에서 시작된다는 것을 항상 명심하도록 하자.

비주얼 관리

마음가짐마저 바꾸는 복장

　새 옷을 입었을 때의 기분은 어떤가? 마음까지 새로워진 것 같은 신선한 느낌이 들지 않는가. 자기가 좋아하는 옷을 입고 있으면 마음까지 즐거워지고, 이와는 반대로 마음에 들지 않는 옷을 입고 있으면 괜히 우울해지기도 한다. 이처럼 복장은 여성의 외관뿐만 아니라 내부까지 영향을 끼치는 힘을 가지고 있다.

　일찍이 나폴레옹은 "사람은 그 제복과 같은 인간이 된다."고 말한바 있다. 정말 옳은 말이다. 사람은 군복을 입으면 기분부터 군인이 되고, 백의를 걸치게 되면 간호사로서의 자신을 자각하게 되는 법이다. 이것이 복장의 힘이다. 회사에서 유니폼을 제공하는 것은 근무시간 동안 직원이란 자각심을 가지고 일에 전념해 달라는 뜻이 담겨있다.

품위를 갖추고 기능성을 높이다

이제 출근 복장을 살펴보자. 가끔 어울리지 않는 옷을 입고 회사에 나오는 여성들이 있다. 아무리 자율 복장이 보편화 된 시대라지만 지켜야 할 상식선은 존재한다. 최소한 직장에 근무하는 여성이라면 출근할 때부터 일에 대한 마음의 준비를 갖출 필요가 있다. 남성은 비즈니스 맨, 여성은 비즈니스 우먼다운 복장을 갖춰야 한다. '~다운' 복장을 하는 것이 중요한 것이다. 정장을 입고 택배를 배달하는 택배기사가 없듯이 직장인도 일의 성격에 맞는 최소한의 품위와 기능성을 갖춘 복장을 입어야 한다.

로저 돈슨은 "사업상 옷에 투자하는 것은 자동차에 돈을 쓰는 것만큼 배우 중요하다."라고 말하기도 했다. 한 벌의 복장이 그의 마음가짐을 단정히 하고 맡은 일에 대한 책임감을 부여하고 효율을 높이는 법이다. 한 회사에 여전히 복장에 대한 규율이 존재한다는 것은 그 규율이 그 회사의 사업성을 극대화한다는 수뇌부의 판단이 있음을 잊지 말아야 한다.

화장과 머리 관리

여성의 경우에는 복장과 더불어 화장에도 신경을 써야 한다. 여성의 헤어스타일과 화장은 자기 자신의 인격을 나타내는 지표라 해도 과언이 아니다. 지나치게 짙거나 특색 있는 화장은 본인은 물론 회사의 이미지에도 해를 끼친다. 여성이라면 자기만의 화장법이 있을 것이다. 각자 개성에 맞게 화장을 하지만, 때로는 지나치게 나타내는 짙은 화장을 하는 여성도 있다. 화장은 개인의 자유에 속하는 일이므로 예의나 에티켓과는 상관없다고 볼 수 있지만, 비즈니스 우먼의 경우에는 직장의 규칙이나 매너의 범주 안에 있다는 것을 기억해야 한다.

실제로 짙은 화장이 일에 방해가 되는 경우도 있다. 특이한 케이스이긴 하지만 어느 정밀기기 제조회사에서는 모든 여직원들의 화장을 금지하고 있다. 아주 정밀한 공정을 요하는 제품생산 중에 가루분이 한 점이라도 떨어지게 되면 제품에 불량이 나기 때문이다. 여직원들이야 "너무 지나치다."라고 불평을 하지만 본인이 제조하는 제품과 회사 전체를 위해서 반드시 협조해야 하는 사항이라, 불만을 표하는 직원은 자기 역할을 올바르게 인식하지 못하는 얼치기로 취급받을 수밖에 없다. 아마도 이런 여성은 "뭣 하러 회사에 나왔느냐."라는 비난을 피해갈 수 없을 것이다.

회사에 어울리는 화장을 하도록 하자. 야한 화장을 한 여성이 가까이에 있다면 눈에 거슬리기 나름이고, 또 너무 진한 향수 냄새를 풍긴다면 주위를 산만하게 하는 법이다. 어쩌면 회사를 방문한 손님이 "이 회사는 도대체 뭘 하는 회사인가." 하고 생각할지도 모른다. 직장여성으로서 호감을 줄 수 있는 화장법을 습득해 항상 청결하고 밝은 인상을 유지하도록 하자.

최근 우리는 대선을 치렀다. 그리고 수차례의 대선주자 토론은 높은 시청율을 보이며 대중의 주목을 받았다. 각 정당 후보의 TV

토론 복장을 보더라도 자연스러운 화장과 복장으로 신뢰감을 주기 위한 전략적 아이디어가 중요하다는 것을 실감할 것이다. 공약도 중요하지만 눈에 보이는 제스처와 복장도 중요하다. 대선 토론을 보고 난 후 어떤 것이 가장 기억에 남았는지 떠올려 보자.

One Point Lesson

비즈니스 우먼들의 성공은 비주얼 메이킹 에서 시작된다. 잘 나가는 여성은 단정한 모습에 비중을 둔다.

인사는
적극적으로

진심을 담아서

　진심에서 우러나온 인사와 의무적으로 하는 인사는 상대에게 전혀 다른 인상을 준다. 또 왜 인사가 필요한 것인지 잘 이해하고 있는 사람과, 그렇지 않은 사람에게선 그 차이점이 명확하게 드러난다.

　인사는 먼저 적극적으로 다가가서 하는 것이 좋다. 회사에서 다른 부서에 근무하는 사람과 마주쳤을 때 어떻게 해야 할지 몰라 우물쭈물 넘어가는 경우가 있는데, 어색하게 생각하지 말고 먼저 인사를 하도록 하자.

　많은 사람들이 인사를 그저 사회 통념상의 에티켓 또는 관습이라 생각하고 의무적으로 받아들이고 있다. 하지만 본디 인사란 상대에게 가까이 다가가서 적극적으로 해야 하는 것이다. 아는 사이니까 할 수 없이 한다든가, 저쪽에서 인사를 먼저 해 왔으니까 해야 한다는 생각은 인사의 기본 의미와는 거리가 멀다. 반대로 먼저 진심에서 우러나온 인사를 한다면 상대방도 마음을 열고 다가오기 나름이다.

인간은 누구나 나를 존중하는 상대에게 부응하려는 마음을 갖고 있다. 상대보다 먼저 인사하는 습관을 가져야 하는 이유다. 먼저 거는 인사 하나로도 자신의 인간적 성장에 큰 도움을 받을 수 있다.

인사에는 지나침이 없다

러시아의 작가 톨스토이는 유명한 말을 남겼다. "어떠한 경우에도 인사란 지나치다고 생각할 정도로 하는 것이 좋다." 인사란 마치 인간관계의 윤활유와도 같은 것이다.

윤활유가 모자라면 톱니바퀴가 마찰을 일으키고 원활하게 돌아가지 않는 것처럼, 인사하는 태도에 따라 회사 안의 분위기는 물론 거래처와의 관계에서도 일이 순조롭게 진행될 수도 안 될 수도 있다.

예를 들어 복도에서 마주친 외부 사람에게 인사를 하지 않는다면 "저 회사 여직원들은 예의가 바르지 못하다."는 나쁜 인상을 주게 된다. 예기치 않은 화를 초래할 수도 있는 것이다.

인사를 하지 않고 피함으로써 나쁜 인상을 주는 것이다. 적극적으로 다가서서 밝은 표정으로 인사하여 상대에게 좋은 인상을 주는 것 중 어느 편이 유쾌한 마음으로 책상 앞에 앉을 수 있는지를 한번 생각해보자.

One Point Lesson
인사는 지나치다고 생각할 정도로 하는 것이 좋다. 훌륭한 예절과 부드러운 언행은 의외로 많은 문제를 해결해준다.

몇 분의 지각으로
성공은 평생 늦어진다

하루가 늦으면 열흘이 손해

　출근시간이 다 되어 헐레벌떡 뛰어 들어오는 사람이 있는가 하면 2, 3분 지각하는 사람도 있다. 2, 3분쯤이야 하고 대수롭지 않게 생각할 수도 있겠지만 그 2, 3분이란 짧은 시간이 당신의 인생을 그르치게 하는 결과를 가져올지도 모른다.

　회사는 조직이기 때문에 규율을 지키지 않는다면, 지닌 능력이 아무리 뛰어나더라도 조직의 일원으로서 받는 평가는 떨어지기 마련이다. "일만 잘하면 된다."는 생각은 자기 멋대로의 사고방식이며, 이런 생각은 조직 속에서 통용되지 않는다는 사실을 깨우칠 필요가 있다. "하루가 늦으면 열흘이 손해 이다."라는 일본 속담이 있다.

　본인이야 2, 3분 정도의 지각을 대수롭지 않게 생각할지 몰라도 회사는 다르다. 결국, 이런 사람은 출세를 하지 못할 타입이며, 인생의 경쟁에서 뒤쳐지는 여성이 된다.

지각에는 변명거리가 없다

지각에는 많은 이유가 있지만, 그중 최악을 꼽으라 한다면 단연 숙취로 인한 지각을 이야기 할 수 있다. 숙취로 인한 지각은 비즈니스 우먼에게 절대 있을 수 없는 일이다. 이는 절대로 과장된 말이 아니다.

어떤 회사에는 부하직원의 근무 자세를 보기 위해 때때로 짓궂은 방법을 취하는 영업과장이 있다고 한다. 그녀는 한 달에 한 번 꼭 부하직원들을 데리고 술을 마시는데, 일부러 다음 날 출근해야 하는 평일을 택해서 자리를 잡는다. 그 과장은 무척이나 술을 즐기는 편이어서 술을 마시러 갔다 하면 과음을 하게 되는데, 이런 술자리는 자정이 넘어서야 끝나기 때문에 다음날 아침 출근해야 하는 직원들 모두 고생을 하게 된다.

그런데 사실 이 점이 바로 그의 노림수이다. 다음날 아침 부하직원들의 출근 동태를 살펴보기 위해 일부러 과음을 시킨 것이다. "숙취로 지각하는 여직원은 직원으로서는 0점이다. 아무리 여성이라도 예외는 없는 법이다. 안일한 생각을 가지고서는 치열한 기업전쟁에서 이겨나갈 수 없다."는 것이 그 과장의 생각이다. "죄송합니다. 어제 과음을 해서 그만…" 하고 변명이라도 했다가는 훨씬 나쁜 점수가 매겨진다. 그렇게 지각하는 여직원에 대해서는 엄하게 주의를 줌으로써, 그 부서에서는 과음을 하고서도 지각하는 사람은 없어졌다고 한다.

숙취로 인해 지각을 한다는 것은 비즈니스 우먼으로서는 굉장히 수치스러운 일이다. 오히려 과음한 다음날의 출근은 평시보다 빠르게 하는 마음가짐이 필요하다. 또한 가급적이면 평일에는 과음하지 말아야 한다. 언제나 내일을 생각하며 생활 리듬을 흐트러뜨리지 않도록 해야 하는 것이다. 아침 늦게 일어나고 낮에는 술을 마시며, 저녁에 쓸데없는 이야기를 하고 있으면 인생은 삽시간에 허사가 될 수 있다.

영국의 극작가 쿠리는 이런 명언을 남겼다. "단 5분, 빌어먹을! 나는 일생을 통해 5분간 늦어지고 말았다." 이는 단 5분이라도 늦어진 것은 다시 돌이킬 수 없다는 아주 중요한 교훈을 담고 있다. 그는 일생을 그런 방식으로 살았다. 유념하자. 만약 당신이 아침의 2, 3분을 지각으로 날려버린다면, 그것은 곧 인생에서도 돌이킬 수 없는 지각을 하는 셈이다.

One Point Lesson
내가 바라는 것을 얻기 위해 내가 먼저 해야 할 일을 한 가지라도 찾아보자.

잡담의 노예가
될 것인가

잡담은 업무가 아니다

이유는 모르겠지만 어째서인지 여성들은 몇 사람만 모이면 시간 가는 줄을 모르고 잡담을 나누는 습성이 있다. 예전에는 마을마다 공동우물이 있어 아낙네들이 물을 긷거나 빨래를 하면서 이야기꽃을 피웠다. 그 시대의 공동우물가란 동네 아낙네들의 사교의 장이요 정보 교환의 장이었다. 현대화의 물결에 밀려 공동우물도 자취를 감췄고, 이제 동네 여성들의 그런 즐거움이나 정경은 좀처럼 볼 수 없게 되어버렸다.

여성들의 사회진출이 활성화되면서 이웃 사람들과 이야기를 나눌 시간도 기회도 훨씬 적어져 버렸다. 그래서인지 여성들의 이야기 장소가 직장 안으로 자리를 옮겨간 것 같은 느낌도 든다. 회사의 경우 탕비실과 화장실이 그 대표적인 장소이다.

잡담의 현장을 살펴보자. 그녀들이 나누는 이야기들은 대부분이 대수롭지 않는 내용으로, 남의 험담이나 뜬소문 같은 것들이 전부다. 혹자는 "여성에게 있어 수다는 스트레스 해소 등 정신건강상 아주 큰 역할을 한다."고는 하지만 그 어떤 활력소라 해도 직장에서 만큼은 자제할 필요가 있다고 본다. 직장은 생산 활동을 하는 장소다. 일하는 도중에 개인적으로 스트레스를 해소시키는 것은 결코 바람직한 일이 아니다. 에너지의 축적은 휴식시간이나 퇴근 후 사적인 자리에서 하는 것이 옳다.

"말하는 자는 씨를 뿌리고, 침묵하는 자는 거두어들인다."는 말이 있다. 개인적인 이야기는 휴식시간 또는 퇴근 후에 나누도록 하자.

생각 없는 사람이 말만 많다

프랑스의 유명한 사상가 몽테스키외는 "인간은 생각하는 일이 적으면 적을수록 더 지껄인다."는 명언을 남겼다. 이 말은 지껄이기를 좋아하는 여성은 그만큼이나 일에 대해 무능해진다는 지적을 하고 있다. 이와 비슷한 말이 필리핀 속담에도 있다. "쉴 새 없이 깎고 있는 칼날은 예리해진다. 쉴 새 없이 지껄이고 있으면 지혜는 둔해진다." 시대와 문화에 상관없이 의미 없는 잡담은 경계의 대상이었던 것이다.

성인이라면 근무시간에 쓸데없는 잡담을 나눠서는 안 된다는 것쯤은 잘 알고 있을 것이다. 그러나 알고 있으면서도 옆 사람에게 자꾸 말을 걸고 싶어지는 것이 사람의 마음이다. 업무에 관련된 대화라면 자주 하는 것이 좋겠지만, 일 이외의 이야기로 직장 분위기를 어수선하게 만드는 것은 경계해야 할 일이다. 쓸데없는 잡담을 하고 있으면 능력은 점점 저하되어 결국 단순노동밖에 할 수 없게 되고 만다. 잡담을 하고 있을 여유가 있다면, 차라리 조금이라도 일을 개선한다든가 다음 할 일에 대한 아이디어를 구상하는 것이 낫다.

최악의 잡담, 험담

특히 누군가를 타겟으로 삼는 인신공격형 잡담은 더더욱 좋지 않다. 마주보고 있는 상대와 친해지기 위한 목적으로 뒷담화를 나누는 것은 잠깐은 즐거울지 모르지만 그 후회는 길다.

"우리가 다른 사람을 비난할 때 가장 조심해야 할 일은 그것 때문에 당신이 불리해진다는 것이다."라는 말을 생각한다면 다시는 인신공격을 하지 않게 될 것이다.

One Point Lesson

누군가가 먼저 시작해서 어쩔 수 없이 잡담에 끌려들어가더라도, 이성적인 판단을 계속 이어가며 상황에 효과적으로 대처하는 것이 현명하다.

설득의 기술

설득이란 사람의 마음을 움직이는 기술로, 고객이나 회사의 신뢰를 얻기 위해 반드시 필요한 과정이다. 상사를 설득하고, 주변 사람을 사로잡는 설득의 기술을 익혀 실행하고 확인할 수 있다면 어려운 문제도 쉽게 해결할 수 있다. 'Yes'를 이끌기 위한 설득기술은 현재 생존경쟁 시대에서 최고의 경쟁력이라 말해도 과언이 아니다.

감성 없이는 설득도 없다

설득의 기술은 결정의 90%가 감성에서 비롯된다는 전제에서 출발한다. 감성을 자극한 다음, 행동을 정당화하는 논리를 적용하는 식으로 먼저 감성을 지배해야 설득에 성공할 수 있는 것이다. 감성을 자극하는 기술에도 여러 방법이 있다. 상대의 의견을 무조건적으로 존중하는 동시에 절대로 상대방의 잘못을 지적하지 않고,

상대에게 주의를 주기 전에 먼저 자기의 실수를 말하는 것이 그 대표적인 기술이다. "명령을 하면 상대는 억지로 일하게 된다. 열의를 다해서 설득하지 않으면 그 누구도 따르지 않는다." 라는 구로키 야스오의 말처럼 설득을 하기 위해서는 먼저 상대방이 원하는 것을 파악해야 한다.

J. 랜돌프는 "남자가 여자보다 웅변에는 더 능하지만, 설득력은 여자가 남자보다 더 강하다." 말했다. 이는 논리에 치우치는 남성들의 언어보다 감성을 자극하는 여성성이 타인을 설득하는 데 더 효과적이라는 것을 나타내는 말이다. 이 점을 생각한다면 남성이 쉽게 가질 수 없는 장점을 당신은 이미 획득하고 있다는 것이다.

설득의 순서

설득을 하기 위해서는 먼저 상대방이 원하는 것을 파악해야 한다. 상대방이 원하는 것, 필요로 하는 것이 무엇인지 파악할 수 있어야 설득의 초점을 맞출 수 있기 때문이다.

그 다음에는 '설득이 될까?'가 아닌 '설득이 된다!'라는 마인드를 가져야 한다. '될까?' 하는 자세는 스스로의 자신감을 떨어트려 상대방에게 신뢰를 얻기 어려워진다. 상대방을 설득하기 전에 자기 자신부터 설득해야 한다. 반드시 설득할 수 있다는 자신감을 가져야만 상대를 설득할 수 있다.

설득이 시작되었다면 상대의 체면을 세워 주고 칭찬하는, 그리고 상대가 먼저 말하게 하고, 무엇이든 상대의 입장에서 생각하는 자세를 갖춰야 한다. 사소한 일이라도 상대를 아낌없이 칭찬하자. 상대 생각에 대하여 따뜻한 호감을 갖고 호의로 대한다면 상대에게 감동을 선사할 수 있다. 그러나 상대를 높이되 자신을 낮춰서는 안 된다. 설득은 애원이 아니기 때문이다. 나 자신을 낮추는 것이 아니라 상대방을 높일 수 있도록 노력하는 것이 바람직한 설득 기술이다.

논쟁은 싸움이 아니다

논쟁을 할 때도 부드러운 어조로 논리에 맞는 말을 해야 한다. 상대의 의견을 수렴하며 유연성 있게 대화에 임하고 상호 만족하는 선에서 논쟁을 끝마치면 설득력의 귀재가 되는 것이다.

때론 무조건 상대방을 다그치거나 공격해서 논쟁에서 승리를 거두려는 여성들이 있다. 그러나 상대방을 깎아 내려서 얻는 이득이란 아무 것도 없다는 것을 깨달아야 한다. 상대방의 단점을 들추는 것은, 아무리 듣기 좋은 말로 끝을 낸다고 해도 좋은 결과를 만들지 못한다. 사람은 긍정적인 말보다는 부정적인 말에 더 민감하다는 사실을 기억해야 한다.

One Point Lesson
설득이란 남의 이견異見을 존중하는 데서 시작한다. 한 번의 시도에서 성과는 나오지 않는다.

커뮤니케이션의 핵심, 스피치

커뮤니케이션의 시대

우리 모두는 커뮤니케이션 시대에 살아가고 있다. 그리고 그 중심에는 스피치가 있다. 스피치가 대중화된 시대 속에서 성공을 원하는 비즈니스 여성들은 많은 사람을 대상으로 자신의 의견을 표현하며 살아가야 한다.

산업평론가 피터 드러커Peter Drucker 박사는 "인간에게 있어서 가장 중요한 능력은 자기표현이며, 경영이나 관리는 커뮤니케이션에 의해서 좌우된다."고 했고, 미국 인간관계 연구소 소장 제임스 벤더James Vendors 박사는 미국의 최고경영자 들을 대상으로 조사한 결과로 "리더가 갖춰야 할 제1조건은 스피치"라고 강조한 바 있다.

최대의 무기, 스피치

이처럼 스피치 능력은 여성 리더라면 누구나 갖춰야 할 무기이며, 리더십과 인격의 척도이기도 하다. 뛰어난 스피치 능력만 가지고 있다면 언제 어느 분야에서나 인생성공의 주역이 될 수 있다 해도 과언이 아닐 정도다. 스피치 능력은 타고 나는 능력이 아니다. 꾸준히 연습하고 배운다면 누구나 스피치를 잘할 수 있다. 만약 본인이 대중 공포증이나 언변에 자신이 없더라도 지속적으로 이를 이겨내기 위해 노력해야 한다. 배우지 않고 잘되기를 바라는 것은 아무것도 없다.

화법에 화술이 더해져 화력이 생긴다. 화법이란 말을 잘하기 위한 이론이고, 화술은 말을 잘하는 기술이다. 무슨 분야이건 이론과 기술을 겸비했을 때 더 멋진 실력이 나오는 법이다. 스피치도 마찬가지이다. 더욱 뛰어난 스피치 능력을 키우기 위해, 어떻게 말을 하고 표현해야 할지, 자신에게 맞는 스피치 방법은 어떤 것이 있는지를 연구해야 한다.

올바른 스피치

강렬한 인상을 주는 스피치는 간결하고 알기 쉬운 문장으로 이루어진다. 쓸데없는 접속사나 형용사, 부사 등은 오히려 내용을 산만하게 만든다. 스피치를 할 때는 허리를 곧게 펴고 자신의 이미지를 생각하며 임한다. 팔이나 다리를 좌우로 흔들지 않고, 팔꿈치는 항상 몸의 중심에서 멀리 떨어지지 않게 한다.

스피치는 자신이 피력하는 의견에 대한 공감을 끌어내는 것이지 자신만의 논리를 상대에게 억지로 설득시키는 것이 아니다. 스피치에 담긴 내용은 항상 낮은 자세를 견지해야 하며 모두 진심이 담긴 것이어야 한다. 여성의 언변에는 이미 여성만의 감성과 부드러움, 설득력이 담겨 있다. 굳이 상대를 설득하려 하지 않아도, 태도에만 집중을 해도 상대는 당신의 스피치에 충분히 감화될 수 있다는 사실을 명심해야 한다.

항상 스피치를 통해 나 자신보다 더 나은 사람이 되려고 노력하자. 스피치를 할 때도 마찬가지다. 계속 시도하고 다시 시도하라. 실패하더라도 한 번 더 시도해라. 많이 실패할수록 더 좋은 스피치를 하게 될 것이다.

One Point Lesson

더 뛰어난 여성 리더를 꿈꾼다면, 다른 이들보다 더 많은 실패를 경험해야 할 필요가 있다. 가장 좋은 것은 타인의 실패에서 자신의 교훈을 얻는 것이다.

"오늘이라는 시간은 당신 인생에 있어서 첫 번째 날이다.
그러므로 지나간 일들을 아쉬워 한다는 것은 아무 소용이 없다.
당신에게는 '오늘'이 있다. '오늘'은 앞으로 일어날 모든 일들이 다시
시작되는 순간이다."

-하비 파이어스톤 주니어

PART 06

성공으로 가는
열정

진심만이
통한다

최고의 영업 비법은 감동의 전달

그 진심을 깨닫게 되는 데 걸리는 시간의 차이는 있지만, 진심으로 상대방을 대하고 마주한다면 상대방도 진심을 느끼기 마련이다. 이는 반대의 경우를 생각하면 보다 확연하게 이해할 수 있다. 진심이 아닌 사람을 마주할 때 느끼는 기분을 상상해보라.

만약 어떤 영업자가 나타나 상품 영업을 할 때, 그 사람이 나를 한 번 보고 말 사람처럼 대한다면 우리들은 그 사람을 대면하고 있는 시간조차 아깝다는 생각을 하게 된다. 하지만 이와 반대로 영업자가 진심으로 고객인 우리에게 성의를 다하며 다가온다면, 적어도 그 상품에 대해서 살펴볼 여유가 생긴다. 이런 차이를 만드는 것이 바로 진심이다.

우리가 진심으로 상대에게 감동을 주고자 하면, 상대방도 그것을 느낄 수 있다. 모든 대인관계와 일의 성패는 업무를 진행하는 기술과 응대요령이 아닌 진심에서 좌우된다 말할 수 있다. 그 어떤 데이터나 논리보다 강한 감동을 심어 줄 수 있기 때문이다. 그렇다면 그 감동은 어떻게 전해지는 것일까?

행동에 주목하라

고대 철학자 아리스토텔레스는 "생각만으로는 아무것도 움직일 수 없다. 생각이 목표를 향하고 행동을 내포할 때 움직임이 있다." 말한 바 있다. 상대에게 감동을 주고자 한다면, 먼저 상대방의 행동에 관심을 갖고 이를 관찰해야 할 필요가 있다는 뜻이다.

상대의 행동을 관찰하다 보면 상대에게 감동을 주는 일이 생각만큼 어렵지 않다는 것을 깨닫게 된다. 서비스 업종에 종사해본 여성이라면 이 말에 공감할 수 있을 것이다. 오랫동안 관심을 두고 지켜본다면 반드시 기회가 찾아온다.

항상 고객의 입장에서 나를 보자

상대에게 감동을 주기 위해서는 이야기를 많이 들어주고, 통찰과 자각 역량을 길러야 한다. 그리고 경청하고 공감하는 역량도 길러야 한다. 자신을 상대의 입장에 서서 무엇을 느끼고 있는지를 경험할 수 있어야 상대방의 의중을 읽고 그에 맞춘 감동을 선물할 수 있기 때문이다.

결국, 긍정적인 태도로 상대를 대하는 방법을 선택해야 한다. 어떤 역경에서도 자신의 감동으로 진심을 다해 상대방에게 다가 간다면, 그것은 훌륭한 감동이 되어 상대방을 즐겁게 만들어줄 것이다.

One Point Lesson

자만하지 않는 성품은 타인의 의견과 비판을 냉정하게 경청할 수 있게 만들어 준다.

심장은 감성이 뛰게 한다

사람들은 '힐링'을 원한다

20세기 말부터 시작된 디지털 혁명은 여전히 유효하다. 아마도 인류 문명이 끝나지 않는 한 그 혁명은 끝나지 않을 것이다. 생활은 더욱 편리해졌고 인간의 모든 사고와 행위는 수치화되어 더 나은 미래를 위해 데이터로 저장된다. 거듭되는 진보, 끊임없는 변혁. 하지만 편리해진 생활만큼 마음이 지쳐가는 사람들 역시 많다. 요새 '위로'와 '힐링'이 주목받는 이유 역시 이에 기인한 것은 아닐까.

사람들은 속도에 지치고 한 치의 오차를 허용하지 않은 생활에 지쳤다. 그래서인지 21세기에는 아날로그적 감성이 오히려 주목을 받고 있다. 성공을 원하는 여성이라면 이를 잘 활용할 필요가 있다.

감성의 창조, 역량의 확장

직장에서 능력을 인정받고 싶다면 상대의 이야기를 더 많이 들어 주고, 공감하며, 행복한 마음으로 도움의 손길을 내밀어야 한다. 상대를 위한 일이라면 항상 앞장서겠다는 각오로 끈기 있게 감동을 선사해야 한다.

감성은 때론 사랑보다도 더 큰 영향을 끼친다. 때문에 사람들을 상대하는 직장 여성들은 상대가 무엇을 원하고 있는지 살피는 습관을 가져야 한다. 즉 관행을 답습하지 않고 위험을 무릅쓰더라도 고객의 안녕부터 우선한다는 각오가 필요하다.

이와 더불어 중요한 것이 자각 역량을 확장시키는 일이다. 심리적 심성 즉, 인간의 정신기능에 대한 관심은 물론이고, 이에 대한 객관성도 어느 정도 갖출 필요가 있는 법이다.

한 조직을 이끄는 존경받는 여성 리더가 되기 위해서는 무엇보다도 타인의 마음에 공감하는 역량을 길러야 한다. 자신을 상대의 입장에 놓고서 상대가 무엇을 느끼고 있는지를 느끼고 경험하며, 상대의 느낌을 마치 자신의 느낌처럼 느낄 수 있어야 한다. 이는 심리학에서 말하는 '동일시'와는 다른 맥락으로, '관찰력'을 기본으로 이끌어내는 공감능력을 가리킨다.

최선을 다하는 마음이 감성을 이끌어낸다

이러한 감성은 매사 최선을 다하는 비즈니스 여성에게 자연적으로 생기는 힘이다. 감성을 갖기 위한 노력을 거듭하다 보면 누구나 이런 능력을 기를 수 있다. "이미 끝나버린 일에 후회하지 말고, 하고 싶었던 일을 하지 못한 것에 대해 후회하라."라고 탈무드에 쓰여 있는 것처럼 앞만 바라보며 본인이 맡은 일에 최선을 다하면서 저절로 감성적 능력을 발휘해야 한다.

회사에서는 우선 우리들이 할 수 있는 것부터 하자. 다음 사항들은 실행하기 쉬운 사항들이지만 우리가 자주 놓치는 것들이다.

- 대화를 할 때는 시선을 상대의 눈에 부드럽게 바라본다.
- 상대를 만나러가는 발걸음을 걸을 때는 경쾌하고 사뿐히 걷는다.
- 상대보다 먼저 적극적으로 미소로 말을 걸고 상대의 입장을 항시 고려한다.
- 서비스 마인드가 고착 되어있는 사람을 찾아 닮아 보려 노력한다.
- 상대를 인정하고 진지하게 감사를 표하고 성실한 관심을 보여주며 미소로 대한다.
- 의미 있는 여운을 주어야 하며 항상 새겨듣는 자세를 견지한다.
- 진심으로 상대의 의견을 존중하고 상대의 잘못을 지적하지 않는다,
- 자기 감성이 잘못 전달되었다면 먼저 인정하는 습관을 기른다.

이러한 행동양식은 긍정적인 생활 속에서 자연히 몸에 베이는 것으로, 약간의 노력만 한다면 감성을 전달하는 데 부족함이 없을 것이다.

올해 9월 한 조찬 모임에서 서울시장은 "고부가가치 산업은 관광과 엔터테인먼트"라 했다. 그리고 10월 고려대 정책 과학 대학원 강의에서 정병국 전 문화부장관 역시 "예술적 재능을 가진 우리민족은 감성적 잠재능력을 창조해야 국가 경제력이 있다."고 했다. 문화가 우리의 젊은 미래이다. 빛나는 미래에 중추가 될 분야에 젊은 여성들의 감성을 널리 펼칠 수 있는 열정을 기대해본다.

One Point Lesson

상대 입장에서 생각하면 스스로도 감성을 전달하게 된다. 자신이 먼저 감성을 받아야 상대도 감성을 받을 수 있다.

성공의 가장 큰
비결은 집중력

긍정적으로 사고하자

목표를 달성하기 위한 과정에서 가장 중요한 것이 바로 집중력이다. 세상의 모든 일은 얼마만큼 집중했느냐에 따라 승패가 결정된다고 말해도 과언이 아니다. 실제로 집중력이 인간의 행동에 미치는 영향은 매우 크다.

그것이 무엇이 되었든 사람들은 좋아하는 일에는 집중을 한다. 에디슨은 일하는 것이 오락이라고 생각한 까닭에 하루에 18시간씩 일을 해도 피곤함을 전혀 느끼지 못했다고 말했다. 에디슨처럼 일을 오락처럼 즐겁게 할 수 있다면 능률은 오르기 마련이다. 즐거우면 집중력이 생기기 때문이다.

그러므로 맡은 일에 대해 짜증이 나더라도 긍정적 마음가짐을 통해 그 일이 즐거운 것이라고 생각을 하자. 처음에는 잘 안 되겠지만 자꾸 긍정적으로 생각하려 노력해서 이를 습관화하면 어느 것이든 능히 즐겁게 하지 않을 수 있을까. 그러다 보면 저절로 집중력이 생기고 일을 능률이 오르고 좋은 결과를 내게 되고 이는 자신감을 향상시키는 것으로 이어질 것이다.

시간을 활용하자

동시에 두 마리의 꿈을 쫓는 자는 한 마리도 못 잡는다. 잡다한 행동을 멈추고 한 가지 일에 집중해야 한다. 하나의 업무를 할 때는 최대한 다른 업무가 더해지지 않도록 주변에 양해를 구하는 것도 좋을 것이다. 또한 이를 위해서는 반드시 시각에 맞추어 계획을 정해 이를 실행하는 습관을 길러야 한다. 그렇게 휴식 시간을 제외하고는 톱니바퀴가 맞물려 돌듯 계획에 맞춰 정해진 업무에만 집중을 해야 한다.

주위로부터 주목받고 인정받는 사람들의 공통분모를 살펴보면 여지없이 '시간활용을 잘한다.'는 평가가 따른다. 성공한 여성들은 거의 대부분이 시간 개념이 철저하고 냉철한 편이다. 1분이 주어지면 책을 읽거나, 스트레칭을 하면서 절대로 멍하니 시간을 보내버리지 않는다. 그런 여성들은 약속시간에 늦거나, 지각하는 일도 없다. 시간의 가치를 잘 알고 있기 때문이다.

시간을 잘 활용하면 일에 집중도도 높아지고, 업무 효율이 좋아서 따로 여가시간을 만들어 낼 수도 있다는 사실은 모두 잘 알지만 실천하기 어렵다. 시간을 잘 활용하기 위해서는 계획을 세우기 전에 일의 우선순위 매겨야 한다. 효율적으로 일을 처리하기 위해 어떤 일은 첫 번째로 하고 어떤 일은 두 번째로 하는 식으로 급하거나 중요한 납기일을 넘기지 않도록 우선순위를 매기는 것이다. 이는 새내기들도 충분히 실천 가능한 아주 좋은 방법이다.

외무 외의 시간에도 집중하자

집중은 시간의 안배도 적용되는 것이다. 일하는 시간은 자신의 힘으로 어떤 것을 만들어 성과 내는 것으로 잘 활용하고, 집에서는 여가시간으로 요리를 배우거나 집안을 가꾸는 일에 시간을 할애함으로써 행복한 삶의 질을 높일 수 있다. 일례로 출근하는 시간에 외국어를 배우기도 하고 신문을 보고 하루 일과를 생각하면 즐겁게 하면 집중이 생기게 된다. 깊이 사색하는 것 역시 집중하는데 도움이 된다. 성공 역시 자신의 사고 결정의 집합체인 것이다. 목표를 정해두고 실천해보도록 노력해보자.

One Point Lesson

우리 인생의 책임이 세상에 있다고 말하지 않아야 한다. 세상은 우리에게 아무런 책임이 없다.

기교보다는
진실한 마음으로

기교만으로는 감동을 줄 수 없다

신입사원들은 보통 실무 투입 전 일정기간의 교육을 받는다. 이 기간 동안 그들은 보통 고객이나 손님 접대 매너에 대해서 배우게 된다. 대부분이 아주 쉽게 배우고, 이를 잘 실천하는 것을 볼 수 있다. 그러나 막상 실무에 투입된 이후 그들의 행동양식을 살펴보면 안타까운 점들을 많이 보인다.

기술적으로는 배운 대로 훌륭하게 하고 있지만, 진심이 느껴지지 않아 겉치레 같다는 느낌을 주기 때문이다. 흉내에 불과한 것과 같은 거짓 서비스로는 절대로 고객을 만족시킬 수 없다는 사실을 알아야 한다.

손님 접대는 접객 기술보다 진실 된 마음이 더 중요하다. 겉으로 드러나는 외형적인 매너보다도 '고객만족·고객감동'이라는 말처럼, 고객을 만족시키고 감동을 주겠다는 마음자세가 필요하다는 것을 다시 상기시켜주고 싶다. 도스토예프스키는 "소중한 것을 찾는 법은 마음만이 알고 있다."고 했다. 마찬가지로 손님을 대접할 때는 기교보다 진실한 마음이 앞서야 하는 것이다.

고객은 회사의 전부다

어느 회사에 방문하였더니 '아무리 사소한 손님이라도 정중히 모시고 정성과 친절을 다 합시다.'라는 사훈이 있다. 우리 회사 또한 '진실과 신속' 이라는 슬로건 아래 고객에게 '해피콜'을 하는 것이 원칙으로 하고 있다. 십칠 년간 운영했던 'JFS' 회사에서는 카드사 회원이 주문한 것이 잘 도착했는지의 여부를 확인하는 부서가 따로 있었고, 결혼정보회사 역시 전 매니저들이 만남 이후 결과를 확인하는 서비스를 우선하여 일을 하였다. 이는 서비스의 기본이다. '좋은 사람 좋은 만남'을 슬로건으로 '회원이 최고'라는 마인드로 운영하였다.

모든 회사들은 고객에 의해 유지되고 발전한다. 고객이 없다면 회사도 없다. 때문에 거래규모가 적어서 '너무 인색해서'라는 생각을 가져서는 안 된다. 상대를 업신여기는 생각은 사소한 태도에서 나타나기 나름이다. 모든 고객이 '중요한 고객'이라 말하고 생각하는 회사가 크게 성장할 수 있다. 회사와 고객이 없다면 당신 역시 없다고 생각하자.

고객은 그래서 왕이다. 기업이든 개인이든 고객의 마음을 사로잡을 수 있도록 세심한 주의를 기울여야 한다. 그리고 이를 위해서는 전 직원이 고객을 진실한 마음으로 대해야 하는 것이다. 아무리 고객을 다루는 직원들의 기교가 좋다 한들 고객을 진실한 마음으로 대접하는 마인드가 부족하다면 그 회사의 성장에는 한계가 있다.

지금 이 글을 읽고 있는 본인부터 고객을 가족처럼 아끼겠다고 마음을 가지자. 이런 마음가짐을 고객뿐만 아니라 모든 인간관계에 적용한다면 진실한 마음이 전달되어 당신의 삶이 변하게 되는 것을 느끼게 될 것이다.

One Point Lesson

당신을 성장 키워주는 것은 긍정적 에너지와 자기 자신에 진실한 마음 즉 사랑이다.

지각에 대한
적절한 대처

살다보면 예기치 않은 사건들이 일어나기 나름이다. 예컨대 '지각' 같은 경우에는 본의 아닌 게 예상치 못한 일로 벌어지기도 한다. 이때 중요한 것은 어떤 판단으로 대처하느냐에 달려있다.

회사가 기다리게 하지 말자

사고로 늦을 때는 반드시 전화 연락을 해야 한다. 지하철 사고로 늦었다면 공적인 지각 사유가 되기 때문에 어쩔 수 없는 일이다. 전화로 사유를 알려 준 사람은 직장의 규칙을 바르게 지켰다고 할 수 있다. 전화 연락을 취하지 않는 경우 "연락을 취하는 것보다는 한시라도 빨리 회사로 달려가는 편이 났겠다."는 등 나름대로의 판단이었겠지만, 이는 매너에서 어긋난 행동이다. 회사에서 기다리고 있는 사람들을 생각한다면 시간이 조금 걸리더라도 연락을 하는 편이 좋다.

아무 연락 없이 10분, 15분이 지나도 사람이 나타나지 않으면 "무슨 사고가 난 게 아닐까?" 하고 걱정하게 된다. 그동안 거래처로부터 전화라도 걸려오면 상대에게 뭐라고 응대해야 할지 곤란을 겪게 된다. 전체 일의 흐름을 방해하게 되는 것이다. 사고로 지각하더라도 근무시간 전에 연락을 취하는 것이 직장의 규칙이다. 회사에 나와서 이유를 말하게 되면 정당한 이유라 하더라도 변명같이 들리게 되어, 듣는 사람의 입장에서는 기분이 좋지 않다.

최근에는 지하철이나 각종 교통사고로 인해 늦어지는 경우가 있다. 하지만 각종 교통수단이 발달한 요새는 교통기관의 사고로 10분, 20분가량 늦는 것은 지각의 정당한 이유로 받아들여지기 어렵다. 애초에 평소부터 여유 있는 출근 습관을 갖는 것이 가장 좋다.

정시에 출근한다는 것은 회사와 직원 간의 가장 기본이 되는 약속이다. 시간에 대한 참된 가치를 알고 있는 여성이라면 잠깐이라도 지각을 한다는 것은 회사와 개인 모두에게 피해를 준다는 사실을 잘 알고 있다. 기본을, 약속을 지킬 줄 아는 것이 성공으로 가는 바탕임을 잊지 말자.

One Point Lesson
우리가 어떤 대상에 익숙해지면 우리도 모르는 사이에 그 대상을 좋아하게 된다.

성공의 보증수표, 유머

유머의 힘은 우리의 이성이 아닌 감성에서 형성된다. 때문에 유머라는 역량을 잘 이끌어 발휘할 수 있다면, 보다 뛰어난 성과를 거둘 수 있고 의미 있는 인생을 창조해낼 수 있다. 또한 유머는 익살스러움과 강한 전파력을 갖고 있는 보편적인 의미를 가진 전달 예술이다.

적절한 유머가 끊이지 않는, 밝은 분위기의 직장은 그만큼 업무의 효율도 좋다. 적절한 유머로 직장 내의 분위기를 이끄는 사람들은 성공을 이루기 위한 커다란 무기를 가진 사람들이다. 따라서 성공을 바라는 여성이라면 유머에 대해 반드시 고민해 볼 필요가 있다.

유머는 나의 힘

많은 여성들은 자기에게 웃음을 주는 사람을 좋아한다. 때문에 외모보다도 그 사람이 나에게 얼마나 많은 웃음을 줄 수 있는지가 연애 상대를 선택하는 기준이 되기도 한다. 하지만 그저 남의 얘기를 듣고 좋아만 하는 여성이 직장에서 얼마나 큰 매력을 발휘할 수 있을까. 상대의 유머에 적절히 받아칠 줄 알고 때론 남들에게 함박웃음을 주는 유머를 구사하는 여성은 직장 내에서 인기를 높일 수 있고 이는 사회생활에서도 큰 가치를 가진다.

유머의 역량이 있는 직장여성은 이를 활용해 회사의 내부 갈등도 해소할 수 있다. 웃음은 절망적인 상황도 희망적인 것으로 바꾸어 줄 수 있는 강력한 힘을 가지기 때문이다. 때문에 유머감각이 있는 직장여성은 어디를 가나 환영을 받는다. 앞서 말했다시피 상황이 좋지 않더라도 분위기를 전환하고 주변 사람들을 유쾌하게 만들기 때문이다. 최고의 세일즈 여성 중에는 유머감각이 뛰어난 여성이 많다. 적재적소에 맞는 유머가 백 마디의 설명보다 훨씬 더 설득력을 발휘하는 것이다.

이렇듯 유머는 비즈니스 할 때 비장의 설득 수단이다. 누군가를 설득하고 이끌어야 할 위치에 있는 여성이라면 유머감각은 무엇과도 바꿀 수 없는 소중한 자산이기 때문에 잘 활용해야 할 필요가 있다. "위트는 우리를 지켜주는 울타리이다."라고 마크 반 도렌 Mark Van Doren이 말한 것처럼 치열한 경쟁사회에서 원만한 인간으로 살아가려면 유머감각을 키우는 일에도 관심을 기울여야 한다.

모두의 웃음을 위한 적절한 소재

그러나 유머는 때와 장소, 그리고 사람을 가려서 적절한 수위를 조절하며 나눠야 한다. 유머는 상대가 받아들일 수 있는 부분에 대해서만 해야 한다. 상대방의 육체적인 결점이나 성격을 웃음거리로 만들어서는 안 된다. 특히 가까운 관계일수록, 농담 소재를 조심스럽게 선별해야 한다. 호감 가는 코미디의 대부분은 사회적인 행동, 패션, 머리 모양과 성을 소재로 한다. 그것들은 유머의 대상으로 삼기에 부담이 없기 때문이다.

"서양은 유머의 과밀지대요 동양은 유머의 과소지대"라는 말이 있다. 유머에 소극적인 대한민국이기에 내가 먼저 적극적으로 유머를 활용한다면 항상 대화의 주도권을 쥘 수 있다. 적절한 유머를 구사할 줄 아는 여성이라면 인생의 절반은 성공한 것과 마찬가지다.

One Point Lesson
새로운 것을 즐기기 위해서는 낡은 것을 버릴 줄도 알아야 한다.

웃는 사람은
못 이긴다

행복 바이러스, 웃음

영국의 심리학자 조슈아 데이비드 연구팀의 실험 결과에 따르면 많이 웃을수록 행복한 감정을 더 많이 느낀다고 한다. 요즘은 잘 웃는 사람이 대세다. 한 사람의 웃는 얼굴이 다른 사람들까지 웃게 하고 기분까지 유쾌하게 만들기 때문이다.

웃으면 혀가 움직이고 턱이 자극을 받으면서 침이 잘 나오는데, 침 분비물인 아밀라아제는 면역력에 좋은 영향을 주는 물질이 들어 있어서 바이러스로부터 몸을 지켜준다고 한다. 침이 충분한 사람들은 감기 같은 잔병도 잘 걸리지 않는다. 잘 웃는 사람이 아프지 않게 살아간다는 뜻이다. 많이 웃으면 위장이 자극을 받아서 소화액 분비가 활발해지고 소화 기능도 좋아진다. 웃음이 만병통치약이라는 말이 과장되거나 허황된 말은 아니다. 웃을 때 분비되는 세로토닌과 도파민은 항우울 호르몬으로 기분을 좋게 만들뿐만 아니라, 쾌감 중추를 자극해 식욕까지 살아나게 한다. 그러니 행복하게 살고 싶다면 일단 웃는 것이 좋다.

여성 리더는 언제나 웃음을 멈추지 않는다

활짝 웃는 여성은 솔직하고 진실하며 열정적이다. 이런 여성은 자발적으로 남을 잘 도와주며 우정도 깊다. 일단 어떤 일을 결정하면 바로 행동으로 옮겨 시작한다. 결단력이 있고 성실하며 매우 빠르게 일을 처리하기 때문에 남에게도 신뢰성이 높다. 또한 일을 미루거나 우유부단한 성격을 보이지 않는다. 이런 여성은 겉으로는 매우 강해 보이지만 마음이 약한 내유외강 형이다. 남이 공격할 때는 대처 능력이 부족하다는 단점도 있긴 하지만 항상 미소를 짓는 여성 내성적이고 부끄러움이 많고 이성적인 여성이다.

그녀들은 또한 일을 할 때는 신중하여 남의 입장에서 객관적으로 상황을 관찰하고 결정을 할 줄 안다. 마음이 깊어 남에게도 쉽게 자신의 생각을 털어놓지 않는다. 미소는 짓지만 웃음소리를 내지 않는 여성은 온화한 성격으로 남에게 친절하다 감성적이며 환상을 좋아하고 로맨틱한 것을 꿈꾼다. 때론 낭만적인 분위기를 만들기 위해 큰 대가를 지불하기도 한다. 이처럼 여성 리더가 되기 위해서는 늘 웃는 모습은 꼭 가져야 할 사항이다.

생후 2개월이 지난 아이들이 웃는 횟수가 하루에 400번 정도라고 한다. 6세까지는 하루에 300번으로 어린이들은 어른보다 훨씬 많이 웃는다. 성인은 평균적으로 10~14회 정도밖에 웃지 않는다. 하루 종일 회사 일에, 일상생활에 시달린 사람들은 거울을 보고 있으면 미간에 내천川 자가 새겨져 있을 정도로 웃을 일이 없다.

아무리 고되고 지치더라도 활짝 웃어보자. 당신의 그 긍정적 마인드가 저절로 성공으로 이끌어 줌은 물론 삶 전반을 행복하게 만들어 줄 것이다.

One Point Lesson
슬프기 때문에 우는 것이 아니라 울기 때문에 슬퍼진다.

올바른 여성 리더십

미래 지향적 리더십, 여성성

누구나 인생을 비참하게 만드는 상사 밑에서 고통을 받은 경험이 있을 것이다. 이런 경우 일도 잘 풀리지 않고 공연한 스트레스에 시달리게 된다. 이 모든 것의 근원은 비효율적인 리더십일 가능성이 크다. 회사든 가정이든 리더십이 제대로 발현되지 않으면 위태로워진다.

잘못된 여성리더들은, 권리만 주장하고 책임을 쉽게 회피하는 경향이 있다. 권위를 잘못된 곳에 이용하면서 충동적인 행동을 하기도 한다. 그렇다면 리드를 잘하는 것은 무엇을 말하는 것이며, 올바른 여성 리더십은 어떤 것을 가리키는 것일까?

여성 리더십은 여성만의 가치를 통하여 구성원을 이끌어나가는 데 초점이 맞춰져 있다. 모성, 감성, 헌신 등의 여성성이 미래 지향적 리더십의 새로운 덕목으로 인식되고 있다. 바야흐로 여성성이 리더십의 새로운 자원으로 여겨지는 것이다.

지금의 세계는 과거처럼 성별을 구분하지 않는다. 여성적이면서 유연하게 대처하고, 좋은 결과를 내는 유능한 리더가 인정을 받는 시대가 온 것이다.

단연 여성의 미래가 밝다 말할 수 있다. 그렇지만 여성 리더는 아무나 되는 것은 아니다.

여자라서 무조건 리더로 채택되는 것이 아니기 때문에, 성별을 떠나 시대의 흐름을 꿰뚫어볼 줄 아는 혜안이 있어야 한다. 또한 현재에 대한 열정은 물론이거니와 미래는 누구를 위한 미래인가 미래에 대란 자기 투자가 요구된다.

강인한 여성 리더의 요건

- 어머니가 자식을 대하듯, 본인 스스로 직원들과의 관계에서 가족과 같은 유대감을 획득하고 서로를 위해 헌신적으로 일하고 서로 돕는 존재가 되어야 한다.
- 능력 있는 여성 리더는 모든 것을 가능하다고 믿으며, 정신력으로 승패를 좌우하는 힘을 가지고 있다. 상대를 이해해야 하고, 공통점과 차이점을 이해하는 것도 소통하는 여성들의 리드방식이다.
- 휘하의 사원들에게도 어머니처럼 진심 어린 관심을 주어야 한다. 자신이 지금 잘하고 있는가를 반문하며 팀웍에 따라 용기를 북돋워 줄 수

있는 모성애가 필요하다. "여성 리더십이란 사람들이 의무감 때문이 아니라, 스스로 하고 싶어서 자발적으로 순응하는 대인적 관계를 만든다."라고 머튼Merton이 말한 것처럼 말이다. 여성 리더십 은 끊임없이 자신을 격려하여 더욱 높은 이상의 경지를 향해 발전해 나가는 데 최고의 힘을 발휘하기 때문이다.

One Point Lesson
시행착오를 통해 대가를 치르고 나서야 깨닫게 된 경험을 상대방과 공유할 수 있는 데 강점이 있다.

성공하는 여성들의
열정의 지침

여성 리더로 성공하기 위해서는 수십 배의 열정이 필요하다

커리어 우먼이면서 지혜로운 엄마, 현명하고 살림까지 잘하는 아내. 이런 슈퍼 멀티 플레이어가 되기란 쉬운 일이 아니다. 비즈니스 여성으로 성공하는 것은 남성의 성공과는 사뭇 다르다.

커리어를 가꿔가면서 행복한 생활까지 누리기 위해서는 일반 남성들보다 수십 배의 노력을 쏟아야만 가능하기 때문이다.

이를 위해 커리어와 스펙을 쌓아가면서 열정으로 성공하는 여성들의 지침을 살펴보자.

첫째 자신의 직감력을 기르자. 직감은 단순히 얻어지는 힘이 아니다. 직감력 향상을 위해서는 많은 정보를 수집해야 하며 이를 고스란히 소화할 수 있어야 한다. 그래야만 자신의 직감을 믿게 되고 이후의 계획을 수립할 수 있기 때문이다.

　둘째, 열정을 사수하고 꿈을 실행하기 위해서 혼자 생각하는 시간을 가져야 한다. 자신만을 위해 투자하는 시간은 본인의 전문성을 가다듬고, 타고난 재능을 키우고 자신만의 계획을 세우기 위해 이는 반드시 필요하다. 앞서 말했다시피 여성은 일과 가정에서의 성공을 장기간에 걸쳐 이룩해야 하는 사회적 책임을 가지고 있다. 혼자만의 오랜 고민이 있어야만 적절한 계획을 세우고 당도한 문제들에 대책을 수립할 수 있는 법이다.

　셋째, 대립을 두려워하지 않아야 한다. 자신의 명성을 빼앗아 가는 자를 두려워 말고 대립하여 자신의 가치를 당당하게 증명할 수 있어야 한다. 싸우는 일이 두려워 회피하다가는 스스로의 가치와 연봉의 격에 맞지 않는 일을 해야만 하는 불상사가 벌어질 수 있다. 때문에 항상 자신의 위치를 파악하고 끊임없이 배우고 자신의 능력을 발휘해야 한다.

　넷째 당신 자신부터 책임져라. 모든 것을 혼자 해결할 수는 없다. 당연 집안일도 분담해야 한다. 모든 것에 완벽한 열정은 없는 것이다. 하고 싶지 않거나 할 수 없는 일에는 'No'라고 당당히 말해야 한다. 끝까지 책임질 일이 아니라면 정중하게 거절해야 옳다.

'파로스의 승리'도 결국은 승리이다

'피로스의 승리'라는 말이 있다. 전투에서는 승리하였지만 너무나 많은 장수들을 잃어버려 결국 전쟁에서는 패배해버린 비운의 승리로 기록되어 있다.

여성들의 성공을 면밀히 살펴보면 이런 피로스의 승리 같은 경우가 많다. 사회에서의 성공을 거두었지만 가정을 지키지 못하거나, 가정과 직장일 모두에 분투하다가 병을 얻는 경우가 그러하다.

그러나 이렇듯 희생을 감수하면서까지 승리를 얻어낸 모든 여성 리더들에게 경의를 표한다. 다행히 사회적인 인식이 달라지고 있어, 가정에서의 책무도 부부가 함께 나누는 것이 자연스러워졌다. 과거와 달리 보다 당당하게 여성들이 성공을 이룰 수 있게 된 것이다.

여성들의 성공전략은 여성스러움을 유지하며 정해진 기준에서 리더십을 펼치는 데 있다. 영향력을 미치는 여성이 되고 가치 있는 것에 열정을 발산하는 것. 그것이 훌륭한 여성 리더가 갖춰야 할 기본 소양이다.

성공한 여성이라면 열정을 당당하고 우아하게 발산한다. "값싼 승리는 곧 패배다. 괴로운 투쟁의 결과 얻어지는 승리만이 진정한 가치가 있다."라고 헨리 비쳐가 말한 것처럼 그 어떤 대가와 고난을 무릅쓰더라도 끝내 승리를 얻는 여성리더를 꿈꿔보자.

One Point Lesson
말없는 보석이 살아있는 인간의 말보다 여성의 마음을 쉽게 움직인다.

인생살이에서 일어나는 갖가지 자질구레한 일들을
우아하고 아름답게 하는 방법은 배우지 않으면 안 되는 것이다.
상대방을 기쁘게 하고 남과 원만하게 지낼 수 있는 기술은
충분히 배울 만한 가치가 있다.
살아가는 데 있어 배울 수 있는 많은 것들 중에서
이만큼 유용하고 가치 있는 것도 드물다.

- 맥스 비어봄

PART
07

여성 리더의
유연한 열정

제대로 말하고
제대로 듣다

인격과 품위의 척도, 말씨

주변에서 들리는 거친 말투가 귀에 거슬리는 경우가 있다. 학창시절에 친구들과 거리낌 없이 써오던 언어습관을 갑작스레 고쳐 쓰기가 어려울지도 모른다. 하지만 이제 사회인이 된 이상 학창시절에 쓰던 말들은 버려야 할 필요가 있다.

예로부터 "말씨는 자기 자신을 나타낸다."고 했다. 실제로 말씨는 그 여성의 인간성이나 품위를 드러내기도 한다. 회사에서 친구들 사이에서나 쓸법한 말을 그냥 쓰는 사람을 보노라면 '아직도 학생 기분을 버리지 못하고 있다.'는 인상을 주게 된다. 그나마 회사에서는 충고를 해주는 여성이 있지만 밖에서는 전혀 허용되지 않는다.

올바른 경어를 사용하자

사회인으로서 그리고 여성 리더가 되기 위해서 경어의 사용은 특히나 중요하다. 경어를 쓸 줄 모른다면 그 사람의 교양이나 품위부터 의심받게 된다. '이런 정도의 여성인가.'라는 인식을 심어주게 되어 비즈니스도 잘할 수 없다. 그야말로 바닥이 드러나는 결과를 낳는 것이다.

경어는 상대방의 입장을 존중하고 인정하고 있음을 나타내는 말씨다. 후배 또는 함께 입사한 동료, 그리고 상사나 회사 손님에게 경어를 쓰지 않는 것은 "나는 당신을 인정하지 않고 있습니다."라고 말하는 것과 다를 바가 없다.

비즈니스는 서로 존중해 주지 않으면 성립될 수 없다. 친구들끼리 상대하는 것과는 다르다. 따라서 올바른 경어 사용이 무엇보다도 중요하다. 다시 한 번 강조하는데, 경어를 쓸 줄 모르면 비즈니스 여성이라고 할 수 없다. 말이 가벼운 사람은 자신에게도 책임을 지지 않는다. 올바른 경어 사용이 습관화 되도록 노력하자. 품위 있는 언어를 사용하는 직장 여성은 볼수록 매력 있고 호감을 부른다.

끝까지 듣자

지시 내용을 잘 파악하는 직장 여성은 자신에게 부여된 그 어떤 일에도 실수가 없다. 일에 대한 지시를 정확하게 알아듣는 것은 일견 쉬운 것 같으면서도 무척 어렵다. 사람들은 대개 하나만 듣고서 열을 안다고 착각하는 버릇이 있다. 말하자면 지레짐작이나 경솔하게 속단하는 사람이 많은 것이다. 또한 모르는 것이 있어도 질문하는 것이 부끄러워서 그런지 애매한 채 그냥 넘어가 버린다. 이런 것들은 모두 일의 실패를 초래하는 원인이 된다.

지시 내용을 정확하게 듣지 않는 사람은 실패가 많다. 반대로 남의 이야기를 잘 듣는 사람은 맡은 일에 실수가 적고 실패를 하지 않는다. 그럼 이야기를 잘 듣는다는 것은 어떻게 듣는 것을 말하는가.

우선 일의 지시를 받을 때 메모지를 준비하여 요점을 적어가면서 상사의 말을 끝까지 경청하는 것이 중요하다. 그리고 의문이 있다면 곧 바로 물어보아 명확히 숙지하는 것이 중요하다. 물론 질문을 하기 위해, 한창 이야기하고 있는 상사의 말을 자르면 안 된다. 하고자 하는 말의 순서를 흐트러뜨리기 때문이다. 설명하는 동안에는 오직 그 말에 주의를 집중해야 할 것이다.

One Point Lesson
인간은 입이 하나 귀가 둘이 있다. 이는 말하기보다 듣기를 두 배 더 많이 하라는 뜻이다.

한 줄 문장에도
인격이 담겨 있다

문장을 다듬다, 인격을 다듬다

비즈니스에서는 문장을 써야 할 기회가 많다. 그래서 문장 쓰기의 기본을 모르거나 작문에 서툴고 글씨체가 엉망인 경우 다른 사람들로부터 비웃음을 사기도 한다. 이와 같은 이유로 업무에 지장이 생기는 경우도 있다. '문장은 곧 그 사람'이라는 옛말 그대로, 문장은 그것을 쓴 사람의 인격을 나타내는 척도가 되기도 한다. 문장을 통해 상대방의 교양 수준을 알아차리게 되는 것이다.

일을 하다 보면 업무에 관한 일로 보고서, 이메일, 공문을 작성하곤 한다. 상용 통신문의 기본을 몰라서 일상적인 문장을 쓰는 경우에는 "이 사람은 비즈니스의 기본을 모르는 여성이네. 안심하고 거래할 수 없겠어."라는 인상을 심어 주게 된다. 한 통의 공문으로 비즈니스가 원만하게 이루어질 수 없게 되는 것이다.

또한 글씨를 난잡하게 쓰면 "이 여직원은 매사에 성의가 없다."
라는 생각을 주기 쉽고, 어린이같이 쓰면 "이 여성은 아직 사회인
으로서 제구실을 못하는 여성"이라고 평가받기 쉽다. 기본이 되
어 있지 않은 문장, 지저분한 글씨, 이 두 가지는 비즈니스 여성으
로서는 실격 요건이다. 문장이나 글씨의 연마는 자신의 인격을 닦
는 것이라 생각하고 매일 조금씩이라도 연습하여, 상대에게 호감
을 주는 글을 쓰고자 노력해야 한다.

첫 머리글에 집중하자

문서는 첫 머리글에 의해 모든 것이 결정된다. 문장을 잘 쓰는
여성이라면 누구나 알고 있겠지만, 모든 문장이 첫머리에서 결정
된다고 해도 과언이 아니다. 한 저명한 작가는 "문장의 안목은 첫
머리글에 달려 있다. 첫머리를 어떻게 써야 할지를 정한다면 그
뒤는 어떻게든지 써지게 마련이다. 만일 첫머리 생각이 떠오르지
않을 때에는 몇 년이고 덮어두어야 한다."고 말했다.

글을 읽는 사람도 마찬가지다. 이 글을 읽을지, 아니면 안 읽을
지는 보통 첫 머리글에 의해 결정하는 경우가 많다. 매력적인 첫
머리글은 그 뒤를 읽고자 하는 의욕을 불러일으키기 때문이다.

간결하고 정확하게

비즈니스 상에서 사용되는 모든 문장들은 육하원칙에 따라 정
확하고 논리적이어야 한다. 또한 상대의 이해를 도모하기 위해서

는 적절한 단어 사용을 통한 내용의 압축은 기본이다. 간결한 것은 물론이요 한 가지를 더 추가하자면 결론을 먼저 드러내는 것이 바람직하다. 비즈니스 문서에서는 모두 결론부터 쓰는 것이 원칙이다. 이유나 경과는 그 뒤에 써야 한다. 결국 결론이 중요하다는 말이다. 상용 통신문이든, 사내 보고서든 읽는 사람은 먼저 결론에 주목한다.

결론이 무언지 알 수 없는 장황한 문장이라면 처음부터 읽을 마음이 없어진다. 또 일이 몹시 바쁜 사람은 결론만 읽고 끝내 버리는 수도 있다. 결론적으로 비즈니스 상에서 작성되는 모든 글은 알기 쉽고 간결하고 쉽게 정리할 수 있도록 쓰는 것이 바로 올바른 매너이다.

One Point Lesson

그래프와 도표 등의 이미지도 적절하게 활용해야 한다. 색상을 활용해 보기 좋게 만들어야 한다.

폐를
끼치지 말자

깜빡은 이제 그만

뭔가를 잘 잊어버리는 여성은 중요한 상황에서 쩔쩔 매는 경우가 잦다. 학창 시절에는 그런 실수를 해도 넘어갈 수 있지만, 비즈니스의 경우에는 용납되지 않는다. 잘 잊어버리는 것이 자신의 실수로만 그치지 않고 다른 사람에게 폐를 끼치거나 나아가서는 회사에 손해를 입히게 되기 때문이다.

중요한 거래처를 방문하여 새로 부임한 과장을 소개받을 때 "대단히 죄송합니다. 깜박 잊고 명함을 가져오지 않았습니다."라고 한다면 상대의 기분은 몹시 불쾌할 것이다. 그리고 나중에 그 과장은 "안 되겠는걸. 저런 회사와 거래하긴 어려워."라고 말할 것이다. 실제로 이런 이유들로 상담이 깨지는 경우도 많다.

또는 수첩을 집에 놓고 오는 바람에 스케줄을 알 수 없게 되어, 그날의 일이 원활하게 진행되지 못하는 경우도 있다. 가끔 "수첩을 잃어버렸다."는 말을 듣곤 하는데, 이것은 아주 부끄러운 일이다. 이런 말은 입 밖에 내어서는 안 된다. 비즈니스에 꼭 필요한 것이 무엇인지 항상 염두에 두고 아침에 집을 나서기 전에, 또는 회사에서 거래처에 나가기 전에 챙겨야 할 것을 깜박하는 일이 없도록 주의를 기울여야 한다.

개인의 예정 밖 행동이 회사의 하루를 망친다

퇴근 전에 팀원들끼리 간단한 모임을 가질 계획이었는데, 신입직원이 외출하더니 예정시간까지 돌아오지 않았다. 5시가 지나서야 신입직원에게 '너무 늦어 그냥 퇴근하겠다.'는 연락이 왔다. 할 수 없이 그날 계획했던 모임은 무산되었다.

이와 같은 예정 밖의 행동은 피하는 것이 좋다. 이런 일은 직장의 규칙에도 어긋난다.

직장에서는 급히 협의해야 할 일이 발생하는 경우도 있다. 처음부터 저녁 때 회사에 돌아올 수 없어 바로 퇴근하는 것으로 예정되어 있었다면 회사에서도 미리 이를 염두에 두고 스케줄을 짜기 때문에 별 지장이 없었을 것이다.

하지만 신입 직원의 경우처럼 예정 밖의 행동을 하면 그날 저녁 때의 계획은 완전히 빗나가 버리고 만다. 다시 말해서 한 사람의 행동이 팀 전체에 폐를 끼치는 결과를 초래하는 것이다.

사전계획 없이 아침부터 곧장 거래처로 직행하는 것도 바람직하지 않다. 가끔 이런 행동을 하는 사람이 있는데, 별안간 직행해야 할 일이 생긴다는 것은 상식적으로도 있을 수 없는 일이다. 거래처로 직행해야 하는 경우나 바로 귀가해야 하는 경우는 반드시 사전에 미리 알려야 한다. 시간적으로 회사에 돌아올 수 없는 경우라도 '일단 회사에 돌아갈 예정이지만 경우에 따라서는 바로 퇴근하게 될지도 모르겠다.'는 내용을 사전에 알려 놓아야 한다.

One Point Lesson
사소한 일에도 항상 집중하자. 사소한 것으로 회사에 폐를 끼치는 것만큼 비즈니스 마인드가 부족한 것도 없다.

PDS 원칙

효율적인 업무의 원칙

PDS는 계획Plan, 실행Do, 검토See의 머리글자를 딴 말이다. 계획하고 실행하고 그리고 검토 또는 점검한다는 뜻이다. 일을 하는 데에는 계획, 실행, 검토가 뒷받침되어야 한다. 그저 실행만을 되풀이한다고 해서 일이 풀리는 것이 아니다. 실행의 앞뒤에는 반드시 계획과 검토가 필요하다.

커리어우먼이라면 일이 맡겨지면 우선 그 일의 목적을 충분히 파악하고 목적을 달성하기 위한 가장 좋은 방법이 무엇인지를 생각해야 한다. 그런 다음 효율적인 순서를 정하고 스케줄을 짜야 한다.

만일 복수의plural 일을 병행해야 하는 경우라면 우선순위를 정해야 할 필요가 있다. 혼자서는 도저히 기한 내에 일을 마칠 수 없다고 판단될 때에는 상사와 의논해서 지원을 요청해야 한다. 이러한 일들이 플랜에 해당하는 것이다. 플랜, 즉 계획을 세우고 난 다음에는 곧바로 실행 단계로 넘어가야 한다. 그리고 실행하면서도 최초에 세웠던 계획이 올바른지, 실행이 계획대로 잘 되고 있는지 체크한다. 이것이 See, 즉 검토이다.

리뷰Review, 진정한 끝마침

일이 모두 끝난 시점에도 검토가 수반된다. 다시 말해서 계획대로 일이 잘 끝났는지, 그리고 당초 목적을 달성시켰는지에 대한 검토이다. 이 검토review를 마치고 나서야 비로소 한 가지 일을 종료했다고 할 수 있다. 본 업무가 아무리 잘 진행되었다 하더라도 제대로 된 검토가 수반되지 않는다면 그 업무는 얼마든지 잘못이 발견될 수 있다. 업무를 진행한 본인은 물론이요, 업무 전반을 관장하는 감독자에게도 확인을 받는 것 또한 바람직한 자세이다.

회사의 업무 수행이든 가족 행사나 집안 일 등도 PDS 원칙을 적용한다면, 실패하지 않고 성공적으로 마무리 지을 수 있다. 무슨 일이 일어나더라도 책임은 모두 당신에게 있다는 사실을 명심하고 PDS를 습관화하자.

One Point Lesson

사랑도, 결혼도, 개인적 가사 일도 계획하고 실행하고 검토하는 PDS원칙을 적용한다면 실패하지 않을 것이다.

또 하나의
중대 업무, 회의

회사에서는 언제나 잦은 회의가 이루어진다. 회의는 귀중한 업무시간을 할애하고 각자 담당하고 있는 일까지 중단하면서 시행하는 것이므로 그만큼 값진 시간이 되어야 한다. 그러려면 언제나 출석자로서의 마음가짐을 잊어서는 안 된다. 그런데 이를 간과하는 직원들도 있다. 기본적인 마음가짐을 잊어버리고 그저 출석만 하면 되는 것으로 여기는 것이다.

회의 출석자가 지켜야 할 원칙

첫째, 출석자는 시작 시간을 철저히 지켜야 한다. 지각을 하면 다른 사람에게 폐를 끼치게 되고, 다른 사람들의 귀중한 시간을 낭비하는 결과를 가져오게 된다. 그러므로 시간 엄수는 회의 출석자가 지켜야 할 원칙이다.

둘째, 회의 목적을 충분히 이해하고 사전에 주제에 대한 연구를 충분히 해야 한다. 그리고 최소한 한 가지 정도 발표할 의견을 간추려서 준비해둬야 한다. 아무 준비도 없이 출석하여 의견도 발표하지 않는다면 참석하는 의미가 없다. 회의 자료를 미리 충분히 살펴보도록 한다.

셋째, 발표에 필요한 객관적인 자료를 철저히 준비하여, 애매한 기억이나 추측만으로 발표하는 일이 없도록 한다.

넷째, 아주 기본적인 것이지만 수첩이나 메모지를 꼭 준비하여 요점을 기록해야 한다. 막연하게 남의 의견만 듣는다는 것은 회의 출석자로서도 비즈니스 여성으로서도 실격이다. 한 마디의 말이 들어맞지 않으면 백 마디 말을 더 해도 소용이 없다. 그러기에 중심이 되는 한 마디의 요점을 잘 짚어야 한다.

회의 중 침묵은 죄악

'웅변은 은, 침묵은 금'이라는 속담이 있다. 웅변보다는 침묵이 일을 유리하게 전개시킬 수도 있고 또 상대에게 영향을 줄 수도 있다는 말인데, 사실 비즈니스에서도 때로는 침묵이 금이 되는 경우가 있다. 하지만 회의에서의 침묵은 결코 금이 될 수 없다.

기탄없이 의견을 교환하는 장소에서 끝내 말 한마디 없이 자리만 차지하고 있는 여성들을 간혹 볼 수 있다. 어떻게 보면 그 귀한 시간에 중요한 결정을 짓는 자리에서 다른 사람들로부터 아무 쓸모없는 여성이 되어 버리고 마는 것이다. 물론 발언을 하도록 유도하여 기회를 주지 못한 사회자에게도 책임이 있을 수도 있지만, 처음부터 자진해서 발언하고자 하는 자세를 보이지 않는 것은 너무나 소극적인 태도인 것이다.

이 같은 소극적인 자세를 가진 직장여성은 결코 참다운 여성리더가 될 수 없다. 어떤 부서의 대표로서 회의에 참석했다면 아무리 소극적인 여성이라도 그 순간만큼은 그 부서의 대표다운 모습을 보여야 한다. 만약에 그 회의가 전체 회의라면, 침묵하는 대표가 있는 부서는 소극적이란 인상을 주게 될 것이고, 회의 결과는 그 부서에 대해서 자꾸 불리한 쪽으로 기울어지게 될 것이다. 바로 이런 때의 침묵은 죄가 된다고 말할 수 있다.

회의 장소에서 침묵하는 여직원들을 분석해 보니 대체로 '토의 주제에 관심이 없다, 다른 걱정거리가 있어서 집중이 되지 않는다, 말재주가 없어서 발언에 자신이 없다' 등의 이유가 있었다. 이 모두는 너무나 이기적인 핑계다. 너무 안일하게 자기 안전책을 취하고 있는 것은 아닌 가 반성해야 할 일이다. "회의 시의 침묵은 곧 죄악이다."라는 조언을 남겨본다.

One Point Lesson
때와 장소에 따라 적절한 발표력을 발휘할 수 있는 능력을 기르도록 하자.

출장 준비 요령

만반의 준비가 출장의 성패를 결정한다

출장 명령을 받으면 만면에 희색을 띠며 "예, 다녀오겠습니다." 하고 대답하는 여성이 있다. 회사 대표로서 파견되는 데 대한 긍지 때문에 기뻐하는 것이라면 아주 바람직스러운 일이지만, 마치 여행을 가는 기분으로 기뻐한다면 그것은 아주 큰 착각이다.

이렇듯 출장지에서 보낼 즐거움에 대한 연구에 열중한 나머지 여성 리더로서 진짜 해야 할 준비를 소홀히 하는 여성도 있다. 출장에서 성과를 올리느냐 못 올리느냐 하는 것은 모두 출발 전의 준비에 따라 결정된다. 출장 준비의 첫째는 무엇보다 출장 목적을 명확하게 이해하는 데 있다. 단지 어떤 일을 어떻게 해야 할 것인가 하는 생각에 머무르지 않고, 그 일이 회사에 얼마만큼 중요한 의의를 가지고 있으며 어떤 이익을 가져다 줄 것인가에 대해 깊이 이해하고 있어야 한다.

이렇게 목적을 충분히 이해하고 난 다음에는 사전조사, 즉 정보 수집이 필요하다. 일에 관련된 정보를 될 수 있는 대로 많이 수집해서 출장지에서 정보 부족 때문에 어려움을 겪는 일이 없도록 해야 한다.

출장지에서 대화를 나눌 상대에 대한 정보, 즉 그 사람의 실적과 성격을 미리 알아두면 유리하다. 회사 안에 같은 장소에 출장을 갔던 경험자가 있으면 반드시 조언을 구하도록 한다. 현지 호텔이나 교통기관 등의 정보도 마땅히 필요하다. 그렇게 모든 정보를 취합해 거기에 따라서 사전에 행동 예정표를 작성한다.

이렇듯 출장의 성과는 모두 사전 준비를 얼마나 완벽하게 갖추느냐에 달려있다. 출장지에서는 바로 당신이 회사의 대표임을 잊어서는 안 된다.

자신이 회사의 대표라는 마음가짐으로

커리어 우먼은 출장 갈 기회가 많다. 출장이라고 하면 무척 기뻐하는 여성도 있는 것 같다. 직장여성 중에는 불안해하기도 하지만 여행을 떠나는 듯한 기분을 갖는 여성도 있을 것이다. 하지만 출장은 여행과는 그 목적이나 입장이 다르다. 출장은 아주 긴장되고 힘든 일이다. 출장 중의 모든 업무는 하나에서 열까지 회사 대표의 입장에서 처리해야 하기 때문이다.

출장에서는 그 일에 관한 모든 책임을 출장자가 져야 한다. 출장의 목적을 달성하느냐 못 하느냐는 오직 출장자 당신의 능력에 따라서 결정되는 것이므로 그 책임은 막중하다 할 수 있다.

두 사람이나 팀 단위로 가는 경우도 있지만 혼자 가는 경우가 많기 때문에 출장지에서는 아무도 도와주는 사람이 없다. 이런 점을 생각해 보면 여행 기분 같은 것은 일어날 리 없고 저절로 긴장이 될 것이다.

다시 말해서 출장지에서는 그저 명령대로만 일하면 된다는 안일한 생각을 버려야한다. 그 일이 결과적으로 회사의 이익과 어떤 관련이 있는지도 생각해서 행동해야 한다. 만일 그렇게 하지 못한다면 결코 임무를 훌륭하게 수행할 수 없다.

One Point Lesson
출장에서는 당신이 회사의 대표가 되는 것이므로 책임감을 가져야 한다.

자신만의 브랜드 가치를 높여라

열정적으로 실행하고 몰입하라

자신만의 브랜드를 가져라. 그리고 자신을 더 높이 평가하고 평범함의 선에서 벗어나라. 자신의 진정한 가치를 찾고 자기 자신을 믿어야 한다. 자신에 대한 믿음이 확고하다면 다음을 사항들을 살펴 자신만의 브랜드 가치를 높이려는 노력이 필요하다.

인간은 열정으로 행동할 때만 진정 뛰어난 능력을 발휘하게 된다. 열정이 저절로 뿜어져 나온다면 말보다 실행이 먼저 나오게 된다. 그리고 이는 곧 업무에 대한 몰입으로 이어진다. "만일 어떤 일에 스스로를 완전히 몰입시킬 수 있다면, 스쳐 지나가는 순간에 완전히 빠져들 수 있다면 당신은 그 순간들을 아주 풍요롭게 살고 있는 것이다." 앤 모로우 린드버그가 어느 강연회에서 한 말이다. 매 순간에 몰입할 수 있다면 자신의 모든 능력을 발휘하게 된다.

전체를 파악하라

성공하는 여성은 전체를 바라본다. 그 어떤 것에도 흔들리지 않고 변하지 않는 원칙으로 업무와 사업의 전반을 바라보는 것이다. 또한 뿌리 깊은 열정의 시각으로 바라보고 있는지 역시 파악해야 한다. 열정에서 오는 업무에의 몰입은 그 사업에 대한 최선의 선택을 위한 노력이며 이는 사업 전반을 파악하는 눈을 키운다.

스스로의 선택을 긍정하라

우리 모두는 각자 스스로 원하는 직업을 선택할 수 있다. 물론 어떤 경우에는 필요에 의해 원하지 않았음에도 선택하는 경우도 있다. 하지만 모든 것은 당신의 선택에서 비롯된 것이다. 현재의 당신이 어떤 위치에 놓여 있건, 어떤 직업을 갖거나 지위에 오르거나 모든 것은 당신의 선택에 의해 결정된 것이다. 기왕 선택을 했다면 다른 선택으로 옮기기 전까지 최선을 다해보자. 직장에서 일어나는 부정적인 일들을 당신이 긍정적으로 바꾸도록 하라. 그것이 당신만의 브랜드를 갖는 것이다. 이를 위한 노력을 얼마만큼 하고, 얼마만큼의 열정을 가졌는지에 따라 회사의 평가는 달라질 것이다.

존재 가치를 각인시켜라

직장에서 그리고 당신의 부서에서 당신이 없으면 안 되게 만들어야 한다. 그것이 당신의 가치를 높이는 것이다. 당신이 없으면 안 되는 이유를 만들어야 한다. 다른 사람으로 대체되어도 회사에는 별 이상이 없다면 그것은 지금의 당신의 가치가 충분치 못한 것이다. 본인이 당장 자리를 비우면 회사의 업무가 원활히 돌아가지 못할 정도로 업무를 능숙하게 하는 것은 기본이다.

더하여 성공을 향해 가는 직장여성에게 필요한 것은 당장 나의 업무와 관련이 없을지라도 지식을 구하고 체득할 만한 것이라면 당장 배우는 자세이다. 현대사회는 하나의 사업이 이루어지는 데 다양한 지식과 알고리즘을 요구한다. 당신이 평소에 개인적인 시간을 투자하여 얻은 것들이 순간 빛을 발하는 순간이 꼭 올 것이다.

One Point Lesson
21세기는 개미처럼 부지런하게 일을 하는 것보다 특별한 자신만의 고유함을 길러야 한다.

전략으로
승부하라

사회는 전쟁터, 전략이 필요하다

계획의 수립에도 성공을 성취하는 과정에서 들이는 만큼의 노력이 수반되어야 한다. 이 차이가 성공의 성패를 가른다. 그러한 작은 차이를 만들기 위해 고안된 것이 치밀한 전략이다. 계획이 상세해지고 탄탄해지면 하나의 전략이 되는 것이다.

전략은 전쟁에서 탄생한 것으로 생명을 건 치열함 속에서 승리하기 위해 발명된 것이다. 모든 것을 건 승부에 대비하여 세운 전략을 제대로 쓸려면 전력을 다해야 한다. 때문에 전략을 통해 얻은 승리는 최대의 희열을 가져온다.

정상급끼리 겨루는 경쟁에서는 압도적인 승리가 잘 나오지 않는다. 서로의 기량이 정점에 달해 있는 프로경기를 생각하면 쉽다. 그들은 대개 아주 근소한 차이로 승부를 결정한다. 이는 직장에서도 마찬가지이다. 치열한 현장에서 살아남기 위해 필요한 필살기 는 아주 작은 사안에서도 얻을 수 있다. 급할수록 그리고 절박할수록 냉정하게 상황을 돌아보면서 작은 차이를 제어해 나가다 보면 승리의 실마리가 잡힐 것이다. 작은 생각의 차이에서 전략의 승패가 갈라지는 것이다.

시대를 통찰하라

이는 최근에 가수 '싸이'가 보여준 〈강남 스타일〉 열풍도 마찬가지다. 전 세계를 삽시간에 뒤흔든 무서운 유행세는 그를 일약 세계 최고의 스타 반열에 오르게 만들었다. 유쾌한 비트와 웃기고 희극적인 뮤직비디오 내용, 그리고 누구나가 쉽게 따라할 수 있는 중독성 강한 말춤은 유튜브에서 10억 조회수를 눈앞에 두고 있다. 삼성경제연구소 선정 '2012년 히트상품', 구글 2012년 검색어 2위, 빌보드 핫100 싱글차트 2위 등에 오르며 대한민국의 문화 위상을 격상시켰다.

이윤석 서울시립대 도시사회학과 교수는 사람이 갈구하는 부와 권력, 외모, 그 모든 것을 대변하는 강남을 대상으로 삼아 야유하고 조롱하는 싸이의 등장은 대중의 갑갑함을 날려버린다고 분석하기도 했다.

그런데 이와 같은 인기의 이면에는 사실 싸이 만의 치밀한 기획이 있었다. 결국은 이 모든 결과는 그의 전략에서 시작된 것이다. 이처럼 작은 차이가 전략을 만들고 이것이 어떠한 결과를 낳을지 모르기 때문에 기획력이 중요한 것이다. 현실에 기반한 통찰력과 치밀하게 계획을 수립하는 것이 전략의 원천이다. 자고로 살아남은 자가 강한 자라 하지 않았던가. 급변하는 환경에서 살아남기 위해 시대를 관통하는 자신만의 통찰력을 발휘하고 이에 맞춰 치밀하게 계획을 세워보자. "훌륭한 인간의 두드러진 특징은 쓰라린 환경을 이겨냈다는 것이다."라는 베토벤의 말이 귓가에 맴돈다.

One Point Lesson

훌륭한 인간의 특징은 환경을 이겨냈다는 데 있다. 절체절명의 위기가 도사리고 있더라도, 우리의 미래는 우리가 지배해야 한다.

독서가 주는 열정,
열정이 주는 기적

한 줄의 문장, 기적을 창조하다

독서가 중요한 이유는 몇 줄의 글이 독자에게 새로운 열정을 불어넣기 때문이다. 열정은 평범한 사람을 언제든지 천재로 변화시킨다. 그만큼 열정에는 힘이 있고 우리에게 기적을 보여준다. 그간 읽었던 책에서 인상 깊었던 글들을 모아 보았다.

인생은 승리하기보다 패배하기 쉽고, 희망보다 절망이 쉽고, 용기보다 두려움에 빠지기 쉽다. 예쁘기보다 못나기 쉬우며 도전보다 좌절이 쉽다. 그러나 그 사실을 인정하고 다시금 또 앞으로 나아갈 수 있다면 더 이상 실패와 좌절이 두렵지만은 않을 것이다. 아나톨 프랑스는 "현명한 외면보다는 열정적인 실책을 더 좋아한다."고 말했다. 또한 "실패해 본 적 없는 사람은 이제 곧 실패할 사람이다."라는 말로 독자들의 가슴에 열정을 불어넣었다.

관계의 진정성은 진심에 있다는 원론적인 믿음에서 시작된다. 생각해보면 막다른 상황이라 더 솔직하게 사정을 설명하고 진심으로 부탁할 수 있었던 것 같다. 그게 때로는 더 잘 통하기도 했다. 또 인연을 이어가려고 억지로 애쓰지 않는 대신 그 순간의 만남에 충실하고자 했다. 어떤 관계라도 내가 상대에게 도움이 되기를 바라고, 대신 그들에게서 뭐라도 배우는 것이 있으면 족하다고 생각했던 것이다. 인간관계가 넓지 않다고 인생을 잘못 사는 것은 아니다.

중요한 것은 메시지의 일관성이다. 前아메리칸 익스프레스 CEO인 제임스 로빈슨 3세는 "몇 년 동안 계속해서 강조한 후에야 비로소 고객 서비스가 기업문화의 일부가 된다. 사원들은 긴 시간에 걸쳐 자신들의 업무가 회사를 위해서 마냥 쉽게 혹은 값싸게 처리되는 것이 아니라, 고객을 위해 처리되고 있다는 사실을 깨닫는다. 고객들과 지역 사회도 이것을 인식하게 되고 그 결과 그 기업은 '좋은 평판'을 얻게 된다."라고 설명했다. 이렇듯 기업문화에 있어 언행일치와 진정성은 중요하다.

"인생살이에서 일어나는 갖가지 자질구레한 일들을 우아하고 아름답게 하는 방법은 배우지 않으면 안 되는 것이다. 상대방을 기쁘게 하고 남과 원만하게 지낼 수 있는 기술은 충분히 배울 만한 가치가 있다. 살아가는 데 있어 배울 수 있는 많은 것들 중에서

이만큼 유용하고 가치 있는 것도 드물 것이다."라고 영국의 수필가 맥스 비어봄Max Beerbohm은 말했다. 그의 말은 그 어떤 선택이건 타인에 대한 품위를 갖춰야 한다는 의미로 해석된다.

책의 향기에 빠져보자. 21세기의 여성 리더를 꿈꾸는 커리어 우먼들이라면 독서는 당연한 습관이요, 책은 리더로 향하는 길에 가장 큰 도움을 줄 멘토가 될 것이다.

One Point Lesson
자녀에게 열정을 물려준다면 무엇과도 바꿀 수 없는 귀중한 재산을 남겨주는 것이다.

자기계발이 우선이다

어떻게 하면 성과를 낼 수 있을까?

누구나 인생의 성공을 꿈꾼다. 하지만 꿈을 현실로 이뤄내는 일은 참으로 어렵기만 하다. 많은 이들이 성과를 내기 위해 밤낮을 가리지 않고 심지어 주말까지 반납하며 열심히 노력한다. 그뿐만 아니라 나름의 새로운 이론을 적용해보기도 하고, 멘토의 상담을 받기도 한다. 그런데도 성과가 신통치 않다고 말하는 사람들이 많다. 경쟁자는 성과를 내는 데 나는 왜 제자리일까? 내가 알지 못했던 특별한 비법이 있는 걸까?

이 차이는 도대체 어디에서 발생하는 것일까? 그것은 바로 리딩 reading이다. 스스로와 현재의 상태를 '읽는' 능력의 차이에서 벌어진다. 그 갭gap을 극복하고 본인의 능력과 현실 사이의 간극을 최대한 줄여야 한다. 자신의 처지에 대해 제대로 읽는 사람들은 대게 유연한 사고와 대처 능력을 뽐낸다. 이것이 성과로 이어지는 것이다.

성과를 내는 사람과 조직은 고리타분한 이론에 매달리지 않는다. 그들은 유연성 있게, 마치 숨 쉬는 것처럼 습관적으로 성과를 낸다. 습관적으로 리더처럼 일하고, 행동으로 답하며, 현장을 직접 뛰고, 변화에 맞는 새로운 학습을 꾸준히 한다.

자기계발 없이는 성과도 없다

아직도 제대로 된 성과를 못 내고 업무에 절절 매고 있다면, 이제 해결 방법을 찾으려는 융통성을 발휘해 보자. "융통성 있는 자들이여, 축복을 받을 지어다!"라고 서비스 컨설턴트계의 대부 다비 체킷이 말했다. 그의 말대로 나태한 태도를 타파하고 배우려는 습관을 갖추고 배움을 바로 실천해야 한다. 이것이 바로 자기계발이다.

물론 회사의 과중한 업무와 가족에 대한 책임을 다하는 것만으로도 벅찰 수 있다. 그러나 자기계발을 직장생활이나 개인생활의 필수적인 부분으로 생각해야 한다. 의지만 있다면 자기계발에 투자하는 시간은 얼마든지 만들 수 있다. 성과를 내고 싶다면 우선 시간을 만들어 자기계발을 시작하라.

고객 만족과 자기계발

회사는 고객이 우선이다. 때문에 고객에게 만족을 주기 위한 다양한 방안을 강구한다. 보다 나은 아이디어를 발굴하기 위해 인센

티브를 주면서까지 수준 높은 서비스를 제공하려고 노력한다. 이때 중요한 것이 자기계발이다. 꾸준히 스스로를 계발시켜온 실력을 토대로 고객 만족도를 높이기 위한 아이디어가 나타나는 것이다.

월마트의 창시자 샘 월튼은 언제나 고객 서비스의 중요성을 강조했다. 월마트가 세계적인 유통 회사로 성장 발전할 수 있었던 것은 모두 이와 같은 고객 서비스 마인드가 확립되어 있었기 때문이다. 80년대 중반, 샘 월튼은 위성 통신을 이용해 전 세계 10만 명이나 되는 직원들에게 연설을 남겼다.

"우리가 한 약속은 반드시 지켜야 합니다. 오늘부터 고객이 나의 반지름 10피트(약 3미터) 이내에 들어오면 언제나 웃는 얼굴로 상대의 눈을 들여다보며 인사하겠다고 엄숙히 약속합니다." 이것이 바로 그 유명한 '고객과 눈 맞추기' 전략이다. 이 간단하고도 단순한 원칙으로 월마트는 굴지의 기업이 될 수 있었다.

월마트의 놀라운 성장 앞에, 다른 많은 기업들도 그들만의 고객 서비스 원칙을 세우기 시작했다. 도요타의 경우는 세계 공정에 대한 아이디어를 직원에게 제안하도록 하였고 그 제안의 채택 여부에 대한 인센티브를 주었으며, 실제로 아이디어의 95%가 채택된 바 있다. 이 모든 것이 최고의 품질과 최고의 서비스를 고객에게 제공하기 위해 이뤄졌다.

고객을 만족시키기 위한 하나의 아이디어가 사업의 성패를 가른다. 그리고 그 아이디어는 충분한 자기계발을 통해 나온다. 모든 성과의 가장 밑바탕에는 당신의 자기계발이 우선한다.

One Point Lesson

훌륭한 여성 리더가 되기 위해서는 원칙의 준수와 일관된 창의성이 필요하다.

습관이 바뀌면
운명이 바뀐다

미래의 성공은 습관의 결과물

습관이란 지식과 기술 그리고 욕망의 혼합체라 정의할 수 있다. 지식이란 우리가 무엇을 해야 하는지를 파악하는 힘, 기술은 어떻게 해야 할 것인지에 대한 방법, 욕망이란 하고 싶어 하는 것, 즉 동기를 말한다.

생각이 바꾸면 행동이 바뀌고 행동이 바뀌면 습관이 바뀐다. 습관이 바뀌면 자신의 운명이 바뀐다는 말을 상기하여 좋은 습관을 가지도록 노력해야 한다. 하지만 많은 직장 여성들은 직상 생활과 가정생활의 괴리로 인해 제대로 된 좋은 습관을 들이지 못한다. 예를 들어 너무 바쁘고 과도한 스트레스에 시달리는 나머지 상대에게 자기 할 말만 하고 상대의 말은 귀담아 듣지 않는 경우 등이다. 오히려 안 좋은 습관에 젖게 되는 것이다. 이는 성공으로 가려는 직장 여성을 발목을 잡는 요인이다. 성공으로 가기 위해 들여야 할 습관들이 무엇인지 파악하는 일 역시 쉽지 않다.

최근 많은 이들에게 극찬을 받았던 책『성공하는 사람들의 7가지 습관』에서 발췌한 내용을 참조하여 성공을 가기 위해 우리가 길러야 할 올바른 습관이 무엇인지 참조해 보자.

- 주도적이 돼라 Be Proactive
- 목표를 확립하고 행동하라 Begin with the End in Mind
- 소중한 것을 먼저 하라 Put First Things First
- 상호이익을 모색하라 Think Win-Win
- 경청한 다음 이해시켜라 Seek First to Understand, Then to Be Understand
- 시너지를 활용하라 Synergize
- 끊임없이 쇄신하라 Sharpen the Saw

습관이 바뀌면 운명이 바뀐다는 말처럼 위의 일곱 가지 명제를 습관으로 만든다면, 얼마든지 원하는 것을 이룰 수 있을 것이다. 비전은 미래를 내다보는 살아 있는 시선이다. 비전 있는 전략 즉 성공은 마치 혜성과도 같다. 미래를 위해 이제 당신도 좋은 습관을 만들어야 한다.

좋은 습관을 더하여, 끈기를 내라

유명한 심리학자인 허리 오버스트리트는 그의 저서『어떤 상대도 내 사람으로 만드는 62가지 기술』을 통해 "긍정적인 대답을 얻어내기 위해 심리학이 발견한 최상의 방법은, 상대방에게 "예스"라고 말할 수 있는 기분을 만들어주는 것이다."라고 말했다.

    성공이란 끊임없는 교류와 비즈니스를 실패하지 않고 이어갔을 때 수면위로 드러나는 한 그루 나무와 같다. 상대에게 긍정적 대답을 얻기 위해서는 다양한 좋은 습관이 필요하겠지만 열 번 찍으면 안 넘어가는 나무가 없다는 말 그대로, 그것이 고목이라 하더라도 찍고 또 찍고 계속적으로 찍어 쓰러트리겠다는 끈기 또한 필요하다.
    포기하지 않는다면 언젠가는 원하는 것을 얻을 수 있다. 이제 좋은 습관과 끈기를 내 것으로 만들어 그동안 반복해온 비효과적인 행위를 멈추고, 비전을 현실로 만들어보자.

One Point Lesson

배움이란 할 수 있는 한의 최선을 실행하고 그러한 상태를 지속시키는 행위다.

행동하라. 실행하라.
자기 시간을 쓸데없는 일에 허비하지 마라.
창조하고, 행동하고, 자기가 있는 곳에서 시작하여
중요한 사람이 되어 가는 것이다.
그리고 다시 행동하라.

- 프랭클린 루즈벨트

PART
08

열정의
탁월함

탁월함은 우연히
생기지 않는다

상상 이상의 노력

탁월함은 강한 의지와 진지한 노력, 숙련된 실행의 결과물이다. 그것은 수많은 선택의 기로에서 가장 현명한 선택을 했음을 증명하는 것이다. 현실은 결과를 중시하기 때문에 심지어는 99%까지 이루었다 해도 1%의 부족함으로 인해 모든 노력이 평범함으로 전락할 수 있다. 때문에 적당주의와 현실에 안주하는 마인드로는 결코 탁월함을 이룰 수 없다. 남들이 당신의 노력을 알아주길 원한다면, 당신 자신이나 남들이 가능하다고 생각하는 그 이상의 계획을 세우고 실행해야 한다.

심사숙고의 시간

미국의 신학자이며 사회학자인 토니 캄폴로는 "당신은 마음대로 직장을 선택할 수 있고, 사직도 선택할 수 있다. 위기를 기회로 선택할 수도 있다. 그러나 현재 당신은 성공을 이룩하게 될지 늘 불안한 마음에 있다. 어떤 직업을 갖거나 지위에 오르기 전에는, 직장에서 일어날 일들이 당신에게 어떤 변화를 초래할지 생각해 보아야 한다. 그 변화가 조화를 이룰지의 여부를 스스로에게 물어 보아라."라고 말한 바 있다.

우리가 진정한 탁월함을 얻기 위해서는 이렇듯 오랜 숙고의 시간을 가지고 모든 것을 선택해야 한다. 그렇게 자신이 신중을 기한 선택을 끝까지 포기하지 않고, '그렇게 될 것이다.'라는 확고한 긍정의 마인드로 진행한다면 원하는 만큼 꿈이 이루어진다.

거세게 타오르는 열정

열정적인 여성은 스스로 의욕의 불을 피울 줄 안다. 당신의 불꽃은 뜨겁게 타오르는지, 당신이 자신의 일에 의욕을 갖고 있는지를 돌이켜보라. 만약 자기가 하는 일을 좋아하고 있다면 그 불꽃을 더욱 거세게 일으켜야 한다. 우리들은 흔히 응원하거나 열의를 다해야 할 때 '파이팅!'이라는 응원을 건넨다. 이는 불을 붙인다는 의미를 가지고 있으며, 중국에서는 '기름을 부어라'라는 말이 같은 맥락으로 사용된다. 거센 불처럼 의욕을 불사른다면 반드시 승리할 수 있음을 전 세계가 이해하고 있는 것이다.

사회에서 최고의 지위를 획득한 여성 리더들은 늘 더 발전하기 위해 최대한의 열정을 발휘해왔다. 그들의 자리는 그 노력이 축적된 결과다. 그들처럼 자신의 결점을 고치고, 자신만의 브랜드를 찾아 그것만의 가치와 경쟁력을 높여야 한다. "탁월해지고 싶다면 오늘 당장 그렇게 될 수 있다. 지금 이 순간부터 최고보다 못한 일을 하지 않으면 된다."라는 말이 있다. 언제나 최고를 향해 전력을 다해야만 탁월함에 닿을 수 있는 것이다.

21세기, 여성성 자체가 탁월함이다

21세기는 여성의 힘이 강점으로 작용하는 시대다. 여성만이 가진 상상력과 공헌, 그리고 부드러움은 다른 어떤 것보다 경쟁력을 가진다. 시대를 막론하고 성공에 기여하는 절대적인 가치는 개인이 보유한 스펙이 아닌 인간미와 소통, 진실, 상상력, 부드러움, 사랑스러움. 아름다움. 유연성 등의 관계 지향적 능력에 있다. 특히나 고객과의 소통이 이 시대의 중요한 키워드이다. 이와 같은 가치들에 강점을 가진 여성들은 보다 유리한 위치를 선점할 수 있다. 과거와 달리 이제 여성이기에 할 일이 더욱 다양해졌다.

존 C. 맥스웰은 그의 저서 『잠재된 리더십을 키워라』를 통해 "여성들의 심리를 움직이는 것도 여성이 유리하지 않은가?"라는 물음을 던졌다. 기억하라. 이 시대의 소비의 주체는 여성들이다. 여성 리더로서 그 여성들을 수렴한다면 성공은 결코 어렵지 않다.

One Point Lesson
내면의 소리에 귀를 기울이면 사고의 판단을 뛰어 넘어 스스로의 잠재력을 발휘할 수 있다.

우선순위를 정하라

매니저와 리더의 차이

뚜렷한 목표가 있고 함께할 사람이 있다고 해서 곧 바로 여성 리더가 되는 것이 아니다. 리더는 휘하의 직원 및 동료들 모두에게 비전을 주는 리더십이 있어야 한다. 결국 아는 것만으로는 부족하다는 이야기이다. 또한 리더는 끊임없이 앞서가며 실천해야 한다. 실행이 뒷받침되지 않는 지식은 열매를 맺지 못하는 꽃과 같다.

남 캘리포니아대학 교수이자 리더십연구소를 설립한 위렌 베니스가 리더와 매니저의 근본적인 차이점을 열거한 것을, 여성리더에 비추어 추려보며 수정해보았다.

- 매니저는 짧은 시각을 갖지만, 여성 리더는 길게 본다.
- 매니저는 관리를 하지만, 리더는 혁신을 한다.
- 매니저는 모방하지만, 리더는 창조를 한다.
- 매니저는 유지하지만, 리더는 개발한다.
- 매니저는 시스템과 구조에 초점을 두기만, 리더는 사람에게 미래를 본다
- 매니저는 통제에 의존하지만, 리더는 신뢰를 고취시킨다.
- 매니저는 어떻게라고 하지만 리더는 '왜' 할 수 있다라고 한다.
- 매니저는 '언제'를 묻지만, 리더는 '무엇'을 묻는다.
- 매니저는 수직적이지만, 리더는 수평적이다.
- 매니저는 현상을 유지하려 하지만, 리더는 그것에 도전한다.
- 매니저는 지시하지만, 리더는 몸소 일하는 사람이다.
- 매니저는 과업이 적절하게 되도록 하지만, 리더는 적절한 과업을 한다.

당신에게 가장 중요한 것은 무엇입니까

그중에서도 가장 중요한 것이 우선순위를 분별하고 일에 매진하는 능력이다. 이는 특히나 현실적인 문제로, 늘 까다롭고 어려운 문제이다. 예컨대 워킹 맘의 경우 직장과 가정을 지키는 일이 쉽지 않다. 어떤 것을 우선 사항으로 두고 임해야 하는지 늘 갈등해야 한다. 이런 어려움 때문에 대다수의 직장 여성들이 결혼을 하고 아이를 낳고 아이가 학교를 가기 전에 퇴직을 하곤 한다. 유

능한 직원으로 인정받기 위해 야근을 마다하지 않고 최선을 다하지만 역부족이다. 직장에서 커리어의 첫발을 내딛고도 늘 경쟁에서 이기기 위해 이를 악문다. 이런 경우 직장에서의 평가는 좋아지겠지만 대인관계나 삶이 피폐해져 궁극적으로 불행한 삶을 살게 되는 경우가 있다.

이제 모든 것을 다 잘할 수 있다는 생각을 버려야 한다. 일과 삶 가운데 우선순위를 확실한 기준을 잡자. 당신이 중요하다고 여기는 쪽에 좀 더 집중하라. 본디 성공은 즐기는 자에게 찾아온다 하지 않았는가.

아이러니하게도 이 사회가 성과 지향적이다 보니 성공의 늪에 빠져서 더 이상 그 성공을 즐길 수 없는 직장여성들이 많다. 지금부터는 성공을 즐길 수 있도록 자신을 둘러싼 모든 선택사항들에 우선순위를 정하도록 하자. 똑같은 시간을 보내더라도 후회는 최소가 될 것이다.

One Point Lesson
목표 지향적인 여성은 결과만을 생각하지만, 꿈꾸는 여성은 결과에서 자유롭다.

리더의 **자질**

정보의 시대, 핵심은 분석력

하루가 다르게 정보가 쏟아지고 빠르게 변화하는 지금의 상황에서 분석력의 중요성이 빛을 발한다. 항상 옳은 결정을 해야 하는 리더에게는 필요한 자료를 찾아내고, 명확히 분석하는 능력을 겸비해야 한다. 이것이 바로 리더십 스킬이다.

효율적인 분석은 정보의 양보다 질에 집중하는 데서 시작된다. 필요한 정보의 출처를 적어 두는 것은 기본이다. 연역적 방법으로 결론이 나지 않을 경우 먼저 귀납적 결론을 내야한다. 분석을 필요로 하는 문제부터 파악하고. 정보수집에 앞서 문제를 파악하는 것이 더 중요하다.

또한 당신은 혼자가 아니다. 당신에게는 팀원이 있다. 당신의 분석에 대한 강점과 약점에 대해 다른 이들과 논의하여 묻고 수정해야 한다. 그렇게 한다면 주어진 상황에서의 문제의 핵심을 파악하는 것이 더욱 원활해질 것이다. 이것이 바로 분석의 시작이다.

창의력이 중요한 시대이지만, 실무적인 측면의 검토는 반드시 필요하다. 무슨 일이든 창의력만 믿고 일을 결정할 수 없다. 불확실성과 예측 불가능한 변수가 산재해 있는 상황에서는 분별력을 가져야 한다. 또한 결정을 내린 후의 결과는 리더가 꼭 책임을 져야 한다.

여성리더여, 결단의 시간이다

상호 연관성이 높은 매트릭스 조직에서는 관계를 조율하는 여성 리더의 역할이 특히 중요하다. 조화를 중시하는 리더일수록 결정을 내리는 상황을 낯설어 한다. 자신이 주도하는 결정을 독단적이라고 경계하는 경우가 많다. 그러나 진지한 숙고는 좋지만 타이밍을 놓쳐선 안 된다. 아무리 좋은 기획안도 타이밍을 놓치면 아무런 의미가 없다. 조직에서는 어려운 문제를 피하지 말아야 한다. 안 된다고 말할 때는 돌려 말하지 말고 직접적인 표현으로 충분히 설명하도록 한다. 결정해야 할 것이 무엇인지 먼저 결정하도록 한다. 상황에 따라 자주 말이 바뀌는 리더는 팀원을 이끌 수 없다.

조직 내에서 결정을 내리는 데 도움이 될 만한 멘토를 찾아 조언을 구하는 것도 방법이다. 어려운 문제일수록 간결하고 명확하게 표현해야 한다. 또한 결정을 내린 후에는 유연성을 가지고 있어야 한다. 새로운 정보 입수로 새로운 안이 채택될 경우에는 망

설임 없이 결정을 수정할 수 있어야 한다. 자신의 결정이 받아들여지든 거부되든 흔들림 없는 자세를 유지하라. 해야 할 것과 하지 말아야 할 것을 구분하고, 공감을 갖게 되면 용기 있게 즉시 결정하라. 아무리 훌륭한 제안도 공감을 끌어내지 못하면 무용지물이다.

목표에 설득력을 부여하라

경력을 거듭하며 쌓인 분석력 전략은 차후 어떠한 업무를 다루든 꼭 발휘된다. 리더의 위치에 오른 후에는 당신의 분석력이 리더로서의 당위성을 부여할 것이다. 처음엔 배운다는 겸허한 자세로 접근해야 한다. 목표 자체도 중요하지만, 조직은 함께하는 목표를 정해서 공유하는 데 의미가 있기 때문이다. 일단 자신의 부서 안에서 모두가 공감할 수 있는 비전과 미션, 명확한 목표를 설정하자. 직원이 공감하지 못하는 비전과 미션은 동기 부여가 되지 않기 때문에 성과를 이룰 수 없다.

One Point Lesson
전략적 사고를 향상시키기 위해서는 데이터를 지속적으로 활용하는 노력이 중요하다.

머뭇거리는
리더는 없다

여기서, 지금 당장

기회는 선택에서 온다. 오늘 성공할 일도 내일로 미루면 실패가 된다. 무엇보다 먼저 해야 할 것은 선택을 하는 것이다. 올바른 선택을 위해서는 꼭 필요한 일에 집중하자. 사소하거나 중요하지 않은 일은 배제하여 정신을 단련시켜야 한다. 이것이 진정한 성취와 궁극적인 성공을 보장해 주는 지름길이다. 미국 심리학의 아버지 윌리엄 제임스는 다음과 같은 규칙을 제안했다. "지금 당장 시작하라. 일을 할 때는 열정적으로 임하라."라고 말이다.

직장 여성들은 먼저 무엇을 해야 하는지를 알아야 한다. 그 다음 그 일을 즉시 하는 습관을 길러야 한다. 더불어 열정으로 다해야 한다. 이것은 끈기 있는 사람들의 공통된 좌우명이다. 위기를 기회로 만드는 것도 모두 선택이라는 것을 명심하라. 루즈벨트 전 미국 대통령은 이런 말을 했다. "행동하라. 실행하라. 자기 시간을 쓸데없는 일에 허비하지 말라. 창조하고, 행동하고, 자기가 있는 곳에서 시작하여 중요한 여성이 되어 가는 것이다. 그리고 다시 행동하라." 무엇이 성공한 여성들을 평범한 다수 위로 오르게 했는지를 잘 설명해주는 말이다.

성공한 여성 리더는 '이렇게' 한다

첫째, 스스로에 대한 기대를 저버리지 마라. 성공한 여성들은 자신한테 기대하였던 것을 모두 해낸 여성이다. 그리고 다른 사람보다 한 발자국 더 나아간 여성들이다. 성공의 지름길은 당신의 발걸음에 달려 있다.

이젠 성공의 정의가 바뀌었다. 성공은 소유하고 존재하는 것이지 어떠한 목적지가 아니다. 당신이 언젠가 도달할 수 있는 곳이 아닌 여정 그 자체이며 당신의 선택인 것이다.

둘째, 원하는 성공과 관련된 일을 하라. 당신의 인생에서 무엇을 성취해야 하는지는 당신이 무슨 일을 하느냐에 달려 있다. 자기만의 30대 성공의 밑그림을 그리고 그에 가장 적합한 일을 찾아 매진한다면 '어떻게 하면 성공할 수 있는가?'를 찾아낼 수 있을 것이다.

셋째, 인생을 즐겨라. 성공한 여성 리더는 인생을 여유롭게 즐기고, 충만하게 살아가며, 다른 사람들도 자기처럼 되도록 도와준다. 성공은 궁극적으로 한 개인이 느끼는 성취감이라 할 수 있다. 이것은 만족감과 더불어 계속해서 성장하고 싶은 욕구를 전달한다. 존 맥스웰은 그의 저서 『성공으로 가는 여행』에서 "성공이란 인생에서 내 목적을 아는 것, 가능성의 최대치까지 성장하는 것, 다른 이들에게 이익을 줄 수 있는 씨앗을 뿌리는 것."이라 정의내린 바 있다.

넷째, 성공에 대한 뚜렷한 방향을 설정하라. 성공은 그냥 어느 날 갑자기 찾아오는 것이 아니다, 자신의 했던 노력 하나 하나가 하나로 모이는 순간이다. 영국의 여총리 마가렛 대처는 자신이 공직에 있었던 나날들을 회상하며 "성공은 당신이 하고 있는 일에 뚜렷한 방향을 갖는 것이다."라는 말을 남겼다. 이제 뚜렷한 목적의식을 가져보자. 당신은 자신의 운명과 삶에 대한 시각, 당신의 일, 그리고 당신이 마주치는 사람들을 컨트롤할 수 있어야 한다.

One Point Lesson
진정한 성공은 자신이 원하는 것을 개념화하는 것이다.

팀워크

멀리 가려면 함께 가라

약한 자들이 작은 힘을 모아 강자를 이기고, 평범한 사람들이 합하여 비범한 결과를 만들어 내는 마법 같은 팀의 힘. 그것이 바로 팀워크teamwork이다. "빨리 가려면 혼자 가고 멀리 가려면 함께 가라."는 격언이 있다. 특히나 새로운 영역을 개혁하고자 한다면 팀워크는 더욱 절실하다.

농구스타 마이클 조던은 "재능은 게임에서 이기게 한다. 그러나 팀워크는 우승을 가져온다."라는 명언을 남긴 바 있다. 그의 말처럼 자신의 꿈을 이루기 위해서는 혼자가 아닌, 함께 해야 한다. 그래야만 당신이 지금 있는 곳을 뛰어넘어 멀리 항해할 수 있다. 독단적으로 혼자만을 고집하는 것은 오히려 자신의 잠재력이 저하시킨다. 하지만 팀워크에는 한계가 없다. 이를 통해 여성 리더의 한계를 뛰어넘어 당신과 회사의 목표와 꿈을 성취하도록 노력해야 한다.

동고동락同苦同樂의 힘

당신이 원하는 것을 실현시키기 위해서는 자기 사전에 실패란 없는 것처럼 행동해야 한다. 하지만 아직 접해보지 않은 새로운 영역을 헤쳐 나가는 데 '동료'보다 더 소중한 존재는 없다.

함께한다는 것보다 아름답고 고상한 것은 아무 것도 없다. 중요한 것은 팀 동료에게 많은 도움을 주었는가, 그리고 어느 정도의 해당 지식을 갖추었느냐에 달려있다. 열심히 하는 자세는 물론 중요하지만 지식이 갖춰지지 않은 상태에서의 집중은 한 치 앞도 보이지 않는 어둠 속을 무작정 달려가는 것과 같다. 개개인의 지식과 능력이 모여 하나의 커다란 힘이 되었을 때 어둠이 걷히고 목표가 뚜렷해진다.

항상 한 팀이라는 생각으로 함께하는 동료를 격려해보자. 우리 모두는 격려가 필요하다. 여성들은 특히 격려 없인 살 수 없다. 따뜻한 보살핌이 없다면 잠재력은 완전히 발휘되지 못한다. 혼자 방치된 은행나무처럼 열매를 맺지 못할 것이다. 이런 광고 문구가 생각난다. "혼자하면 기술이고 함께하면 예술이다." 명심하라. 성과의 열매를 맛보기 위해 가장 중요한 요소는 팀워크다.

One Point Lesson
맹목적인 열의는 오히려 해가 된다. 상상력이 없는 열정은 팀원을 위태롭게 만든다.

21세기 성공
키워드, 자신감

사회라는 전쟁터, 최고의 무기는 자신감

자신감이란 이기겠다는 신념이며 이길 수 있다는 믿음이다. 또한 인간의 한계를 초월하는 노력을 지속적으로 해나갔을 때 획득할 수 있는 정서이다. 자신감이 있다면 장애물을 디딤돌로 활용할 수 있으며, 인생에 도움이 될 만한 성공 포인트를 짚어낼 수 있다.

그 어느 때보다 자신감이 강조되는 시대이다. 또한 자신감만 있다면 갠주먹으로도 산 하나를 이뤄낼 수 있는 시대이다. 21세기 직장 여성이라면 염원하고 있는 꿈을 위해, 세상의 중심에 서기 위해 반드시 자신감을 가져야 한다. 적극적인 자신감은 고난을 극복하고 새로운 영역을 개척하고 성공을 가져다준다.

한계를 초월하는 수준의 노력을 지속적으로 해나갔을 때 얻어지는 자신감은 그 어떤 공격에도 유연하게 대처하게 만들고, 자신의 꿈과 비전을 주변에 감염시키는 놀라운 힘을 발휘한다. 조금 힘들더라도 새로운 자신을 창조해가는 과정을 즐겨보라.

경계를 소홀히 하지 말자

사회는 누군가는 반드시 패배해야 하는 경쟁의 장이다. 이곳에서는 자신의 능력을 강조하는 것만으로는 승리를 장담할 수 없다. 당신은 자신의 강점을 행사하는 한편, 취약점을 공격해오는 경쟁자들을 물리쳐야 한다. 당신을 방어조차 못하게 궁지에 몰아넣는 비열한 경쟁자들을 이겨내라. 위기 상황에 처했을 때 이를 훌륭하게 극복해낸다면, 향후 당신의 입지와 영향력은 더욱 커질 것이다.

또 하나 경계해야 할 대상이 있다. 바로 자기 자신이다. "여자들은 서로를 꿰뚫어보지만, 자신을 들여다보는 경우는 드물다."라고 라이크가 말했다. 남의 실책은 보이고 자신은 보이지 않는다는 말이다. 자신감은 남의 실책보다는 자신의 실책을 비판해야만 바로 설 수 있다.

자존감을 지키기 위해

일을 계속해야 한다. 어쩔 수 없이 일을 중단하는 상황이 생기더라도 공부를 하든, 소일거리를 찾든 손에서 일을 놓지 말아야 한다. 자칫 쉬는 기간이 길어지기라도 한다면 이는 곧 본인의 무능에 대해 인지하는 계기가 되고 자존감 결여로 이어질지 모른다.

또한 가정이나 직장에서 위기 상황이 발생했을 때는 최대한 평정을 찾도록 노력하자. 의연하게 눈앞의 상황을 응시하여 그 장애물을 디딤돌로 활용할 수 있는 방법을 찾는 것이 자존심을 지키는 길이다. 그 어떤 문제도 인과관계를 잘 파악한다면, 아무 일도 없는 것처럼 의연하게 자신의 힘으로도 충분히 해결할 수 있다. 이는 곧 주변 사람들에게 여성 리더의 자격이 있다는 인상을 줄 수 있다. 문제가 발생하면 평시와 같은 모습으로 스스로 문제를 해결하고 자신의 역량을 넓히는 기회로 활용하라. 치열하게 노력하면 30대에 당신은 탁월한 능력을 갖출 수 있다.

자신감을 키우기 위해

최고의 리더가 되기 위해서는 최고에 오른 사람들과 어울리고 치열하게 배워야 한다. 불가능해 보이는 목표를 세우고 어려운 일에 의도적으로 몰입하다 보면 자연스럽게 전문가로서의 역량이 키워질 것이다. 그 과정에서 당신의 삶을 근본적으로 변화시킬 수 있는 자신감 얻게 될 것이다.

현실에 안주하는 것은 곧 열정을 포기하는 것과 마찬가지다. 현실을 꿰뚫어볼 수 있는 자신감을 갖자. 모든 것이 거기에서 시작된다. 멋진 여성 리더의 자신감을 위해 달려나가 보자.

One Point Lesson
세상의 중심으로 나아가라. 경쟁력 있는 여성리더가 주도권을 쥔다. 뛰어난 여성은 입체적이고 유연한 사고로 주변을 행복하게 만든다.

재능을 발굴하라

재능의 발견에는 나이가 없다

어떤 분야에서 최고의 경지에 도달한 직장 여성들의 공통적인 특징을 살펴보면, 현재의 자신보다 좀 더 높은 곳에서 자신들의 능력을 시험해왔다는 것을 알 수 있다. 이들처럼 도전의식과 당당함으로 무장한다면 자신에게 전혀 없을 것 같았던 재능도 발견될 수 있다. 그리고 당신이 가장 좋아하는 일, 잘하는 일에 집중하면 더 빨리, 더 많이 재능을 일깨울 수 있다.

재능이란 당신이 잘할 수 있는 일을 찾는 것에서부터 시작되는 것이다. 그 과정에서 패배를 거듭하더라도 포기하지 않는 것이 곧 재능이다. 당신의 일에서 성공하고 싶다면 나이에 상관없이 당신의 숨겨진 재능을 찾아보도록 하라.

재능의 진정한 의미

"만일 어떤 사람이 재능을 가지고 있으면서도 사용하지 않는다면, 실패할 것이다. 재능을 갖고 있고 자기 재능의 반만 사용한다면, 반만 성공할 것이다. 재능을 갖고 있고 그 재능을 전부 사용하는 법을 배운다면, 엄청난 성공과 여태껏 극소수의 사람만이 누려왔던 기쁨을 얻게 될 것이다."라고 미국의 작가 토마스 울프가 말했다.

재능은 성취의 결승점에서 완전히 드러난다. 대부분 위대한 직장 여성들은 항상 자신의 가능성을 확인한다. 즉 어제보다 더 나은 내일을 만들기 위해 자신을 뛰어넘는 것이다. 성취한 직장 여성은 보상이라는 결승선에 도달하는 것이 아니고, 도전 자체에서 희열을 느낀다. 때문에 일에 대한 열의로 재충전과 새로운 모험을 거듭하는 것이다. 그 과정에서 재능은 서서히 드러나고 성공이라 부를 만한 하나를 성취했을 때 재능은 완전히 빛을 발한다.

재능이 삶을 아름답게 하리라

특기할 만한 성과를 내는 직장 여성들은 성취를 고정된 상태로 보지 않는다. 하나의 흐름으로 인식을 한다. 그래서 재능은 미래를 향해 나아가고 늘 새롭게 발견된다. 진정 성공을 한 여성들은 회사 일만이 아니라 가정 일도 행복하게 하며 그 즐거움을 주변 사람들에게까지 영향을 끼치는 재능이 있다.

"지식인은 문제를 해결하고 천재는 이를 예방한다."라는 명언도 있다. 한 번도 실수 해보지 않은 직장 여성은 한 번도 새로운 것을 시도한 적이 없는 직장 여성이라고 할 수 있다. 끊임없이 도전하여 재능을 발굴하기 위해 힘들더라도 조금만 더 깊이 파도록 하라. 독보적인 전문가는 반백의 나이에도 재능을 발휘한다. 그렇게 되기 위해 임무 완수를 위한 자발적 투자에 시간을 아끼지 않았을 것이다. 하물며 당신은 지금 번뜩이는 사고로 무장한 나이다. 늘 상상하라. 당신의 머리에서 뿜어져 나오는 다채로운 빛이 삶을 성공으로 이끌고 생을 아름답게 할 것이다.

One Point Lesson

성공한 직장 여성들은 임무를 수행하는 데 누구보다 많은 시간을 투자한다.

사고思考가
행복을 이끈다

현실을 직시하자

우리들은 행복하고 성취감 있는 직장생활을 원한다. 그러나 그러한 기대와 현실 사이에는 모순이 많다. 실제 우리의 직장생활은 실의失意의 연속이다. 그것은 조직사회의 전형적인 서열 구조에서 비롯된다.

작가 맥스 루카도는 우리에게 이런 귀중한 충고를 한다. "실망은 어긋난 기대 때문에 생겨난다. 기대치를 조절하면 실망하는 일을 피할 수 있다." 우리는 주어진 현실을 똑바로 직시해야 한다. 기대치를 현실적으로 조정하고 이를 통해 삶을 조율해 나가는 지혜를 길러야 한다.

행복은 환경이 아닌 사고의 차이

당신은 주변의 환경과 당신에게 주어진 일을 행복하게 받아들이고 있는가? 긍정적인 시각으로 삶 자체를 받아들이는 여성은 어려운 직장 생활 속에서도 창조적인 인생을 가꾸는 사람이다. 데일 카네기는 "행복은 당신이 어떻게 생각하느냐에 달려 있다."고 말했다. 당신이 지금 있는 곳에서 행복할 수 없다면, 그 어떤 곳에서도 행복할 수 없다. 승자와 패자를 나누는 기준은 타고난 혈통도 아니고, 높은 IQ도, 재능도 아니다. 그 차이는 사고방식에 달려있다.

사고방식이야말로 실패와 성공을 기르는 기준이다. 일을 할 때는 명성을 얻겠다는 생각보다는 그저 최선을 다 하도록 하라. 최고의 명성을 얻고도 여전히 자신이 불행하다고 느끼는 사람들을 우리는 볼 수 있다. 이는 자신의 성공과 명성만 바라보며 곧장 달려와 사고방식이 굳어지고 주변을 둘러볼 여유가 없어 삶 곳곳에 숨은 행복을 찾지 못해서이다.

행복한 여성들은 자기만의 행복 이외의 다른 대상에도 마음을 쏟는 이들이다. 다른 사람의 행복이나 이상적인 목적으로 추구하는 일에 관심을 더 기울이는 것이다. 주변을 따뜻한 시선으로 바라보고 타인과 이상적 가치를 위해 늘 꿈꾸듯 삶을 사는 사람들에게 행복은 저절로 스민다. 본인에게 행복을 가져다 줄 모든 것을 잃고 사회적 명성만 얻는다면 무슨 소용인가.

삶 자체가 기적임을 잊지 말자. 삶 자체에 감사하고 주위 모든 사람들을, 사물들을 항시 애정으로 대하자. 물질과 명성은 삶에서 얻을 수 있는 기회가 반드시 오지만 진정한 행복은 사고방식이 한 번 굳어버리면 좀체 얻을 수 없는 것이다.

이제 행복한 당신을 위해 사고방식을 바꿔라. 인생이라는 무대에서 행복한 여 주인공처럼 사고하는 열정을 가져라.

One Point Lesson

최선을 다하는 태도는 행복한 삶을 위한 첫 걸음이다. 폭넓은 열정으로 뛰어라.

절제와
느림의 미학

성공은 시대의 흐름이 아닌 본인의 의지에 달려 있다

절제의 철학은 자유이며 기쁨이다. 절제의 철학은 천천히 삶을 즐기라는 메시지를 전한다. 이와 같은 느림의 화두는 경쟁에서 치여 늘 바쁘게 살아가는 우리들에게는 뼈아픔 일침이 되어, 절제와 자제를 유도한다.

많은 일을 하는 것은 쉽지만, 한 가지 일을 연속해서 계속해나가는 것은 어렵다. 목표가 멀면 멀수록, 더욱더 천천히 그리고 견고히 나아감이 필요하다. 미국의 저널리스트 H. L. 멘컨은 "성급히 굴지 말라. 그러나 쉬지 말라." 말했다. 성공을 어떻게 기다려야 하는지 아는 자에게 적절한 시기에 모든 것이 주어진다. 절제를 잊고 살아가는 우리들을 깨우치게 만드는 격언이다.

젊은 30대 여성들에게 있어 절제의 미학은 받아들이기 힘든 정서일 수도 있다. 최근의 광고들이 강조하는 것처럼 신선하고 역동적인 흐름에 익숙한 탓이다. 하지만 그러한 무절제한 속도가 경쟁을 심화시키고 자본주의 논리에 치우쳐 인간을 존엄성을 해칠 수도 있다는 생각을 해본다.

우울증 환자가 2012년 기준, 300만 명 이상으로 추정될 정도로 심각해진 경쟁의 틀 안에서, 우리들은 여전히 급하게만 살아가고 있다. 여유가 없다 보니 이상적, 궁극적으로 지향해야 할 인생의 청사진은 흐려져 간다. 시대가 제시하는 속도의 경쟁에 강한 여성보다는 자존감이 강한 여성상을 추구하는 것이 우리들의 숙제이다. 또한 품위 있는 자존심을 추구해야 한다. 리더에게는 언제나 여성리더만의 품위가 있다. 품위는 경쟁으로 얻어지는 것이 아니다. 차분한 마음과 고귀한 태도에서 저절로 생기는 것이다.

작금의 사회에 필요한 것은 차분한 열정이 아닌가 싶다. 급변하는 사회는 늘 무언가에 대한 포기와 선택을 강요하며 특히 30대 여성들은 늘 기로와 마주한다. 모든 일이 잘 이루어질 때에는 절제를 잊지 말아야 하며, 역경에 처했을 때에는 시간이 조금 늦어지더라도 더 신중을 기해야 한다. 순간의 잘못된 판단이 모든 것을 원점으로 돌려버린다는 것은 우리는 너무 잘 알고 있다. 일에 잘되든 그렇지 않든 항상 절제를 통해 부족한 부분이 없는가를 살펴볼 여유가 필요하다. 실수를 하고 있는 것은 아닌지, 혹시 주변을 돌보지 않는 것은 아닌지, 적당한 사고의 가지치기를 실행하자.

직장 여성은 먼저 자신을 절제하고 통제할 줄 알아야 한다. 폭발적인 감정 표현은 자신을 통솔하지 못한다는 증거이다. 남한테 저항하는 것보다 먼저 자기 자신에게 저항해야 한다. 나 자신을 극복하는 것이 남에게도 이기는 것이다. 성장에서 성숙으로 그리고 삶의 양에서 삶의 질로 그리고 속도에서 깊이로 당신 자신을 먼저 매니지먼트 해보자. 절제의 행복을 잊고 있지는 않았는가 생각해보면서.

One Point Lesson
당신의 마음에 정원의 인내를 심으라. 그 뿌리는 써도 그 열매는 달다.

끝없는 배움,
끝없는 성장

끝없는 배움 속에 미래가 있다

　미래는 배우고자 하는 자에게 찾아오는 약속된 보상이다. 급변하는 세상 속에서 미래를 내다보지 못한다면 오늘의 위치도 잃어버리게 된다. 노력하지 않아도 그대로 굴러오는 것은 우리들의 나이일 뿐이다.

　배우라, 비교분석하라 그리고 실천하라. 미래는 배우고자 하는 여성의 것이다. 배움의 열정은 당신이 갖고 있는 능력을 최대한 활용하는 것이다. 배움을 시작할 때는 모두가 당신을 부러워하게 하라. 자신의 배우려는 자세에서 타인의 감탄을 이끌어 내야 한다. "오직 꾸준히 자신을 계발하는 여성들만이 다가올 미래를 보장받을 수 있는 것이다."라고 톰 피터스가 말한 것처럼 자기 자신을 뛰어넘기 위해 배움에 투자해보자.

배움의 기술

당신의 이력서에 스펙spec을 추가해야 한다. 당신이 새로 익힌 기술과 재능, 당신만이 할 수 있는 특기를 추가하다 보면 새로운 성취물을 얻을 기회를 가지게 된다. 배움에 충분함이 없어 늘 모자란다는 생각으로, 방심하지 말고 심도 깊게 익혀야 한다.

그러기 위해서는 당신이 옳다고 믿는 것을 정확하게 관찰하고 미래에 대한 당신의 위치를 재점검해야 한다. 그렇게 좀 더 사고가 유연해진다면 나이에 상관없이 무언가를 더 배우고자 하는 성숙된 자아를 발견하게 될 것이다.

또한 미래의 비전에 초점을 맞춰서 배워야 한다. 지금 이 시간, 바로 오늘은 당신 인생에 있어서 첫 번째 날이다. 지나간 일들을 아쉬워한들 아무것도 바뀌지 않는다. 누구에게든 '오늘'은 있다. 오늘은 미래에 일어날 모든 일들의 시작이다. 어제 죽은 자의 간절한 내일이 우리에게는 오늘 지금인 것이다.

전력을 다하여

2% 부족함이 모든 노력을 평범하게 만들어 버린다. 평균치에 만족해서는 평균 수준밖에 안 된다. 회사에서 당신의 실력을 인정받길 원한다면 남들이 생각한 그 이상의 배움이 있어야만 한다. 그리고 그것을 실행해야 한다. 배움에 전력을 다하면 성공은 보다 가까이 다가올 것이다. 언제나 할 수 있는 최선을 다할 것을 스스로에게 다짐 또 다짐을 하라. "대부분 성공하는 여성들은 절대 평

범하거나 능력을 최대한으로 사용하지 않은 곳에 안주하지 않는다."라고 지그 지글러가 말했듯이, 우리들은 지속적인 배움을 시도해야 한다.

시간이 없다는 말은 핑계에 불과하다. 하루에 3시간을 걷는 것도 7년 동안 계속하면 지구를 한 바퀴 돌 수 있다. 성공하기 위해서는 적은 시간이라도 꾸준한 노력을 쏟아야 한다. "심장이 오늘 깨달은 것을, 머리는 내일쯤 가서야 이해한다."라고 한다. 늦지 않았다. 이제 오늘보다 내일 더 발전하는 배움의 삶을 배움의 열정으로 끝없이 시작하라.

One Point Lesson
세월은 피부를 주름지게 하고, 열정을 저버리는 것은 영혼을 주름지게 한다.

우호적인 여성 리더가 되자

단아한 미소를 지으며, 물길처럼 부드럽게

성공한 여성 리더들을 돌아보면 주변에 늘 우호적인 태도를 유지한다. 그녀들은 주변 사람을 비평하기 이전에, 솔직하고 진지한 칭찬을 먼저 건넨다. 이는 곧 상대방에게 열정을 불러일으키고 본인이 중요한 사람이라는 자신감을 얻게 한다. 남성 리더에게서는 좀체 볼 수 없는 여성리더만의 강점인 것이다. 단, 당신이 진정한 여성리더가 되고 싶다면 이러한 태도를 한결같이, 성실히 수행할 수 있어야 한다.

성공한 여성리더들은 늘 의견 충돌이 생기지 않도록 노력한다. 논쟁에서 최선의 결과를 얻을 수 있는 유일한 방법은 그것을 피하는 것이라는 걸 잘 알고 있다. 상대방의 견해를 존중하고 상대방이 틀렸다고 말하지 않는다. 틀린 것은 없다. 다만 견해의 차이만 있을 뿐이다. 언제나 차선책은 있게 마련이다. 또한 당신 스스로 잘못을 저질렀다면 즉시 분명한 태도로 그것을 인정하여야 한다.

따뜻한 둥지처럼 상대방을 품어라

진정한 리더는 상대방이 당신의 말에 즉각 "yes"라고 대답하게 해야 한다. 상대방으로 하여금 많은 이야기를 하게 만들고, 아이디어가 당신의 것이라고 느끼게 하라. 상대방의 관점에서 사물을 볼 수 있도록 성실히 노력하도록 한다. 상대방의 생각이나 욕구에 공감하고 보다 고매한 동기에 호소하라. 여성 리더는 상대방에게 자신의 생각을 극적으로 표현하도록 하도록 한다.

또한 성공한 여성리더는 상대방을 편하게 만들 줄 안다. 어떠한 일에도 감사의 말을 잊지 않는다. 편안한 일상의 대화로 이야기를 시작한다. 누군가 잘못을 저질렀을 경우에도 상대방의 체면을 세워주고, 아주 작은 변화에도 칭찬을 아끼지 않는다. 진전이 있을 때마다 칭찬을 해주는 것은 리더로서의 당연한 미덕이다.

직원이 실수를 했을 경우에는 그가 알아서 잘못을 고칠 수 있도록 유연하게 리드한다. 카네기는 자신의 인간관계론을 통해 "당신이 제안하는 것을 상대방이 기꺼이 하도록 만들라."라는 원칙을 일러준다.

역경에 단련된 후에야 비로소 연단이 되어 자신의 가치가 높아진다. 리더는 모든 원칙과 모든 구성원을 아우르며 종합적인 이해와 해답을 준비해야 한다. 어렵다고 생각하고 노력하지 않는다면 발전도 없다. 이제 우호적인 리더를 향한 노력을 열정으로 시작하라.

One Point Lesson
가족과의 통화는 들리지 않게 받는 것도 직장 리더의 매너이다.

그대, 인생을
만끽하라!

행복한 삶을 위한 지침

BBC에서 발표한 '행복에 이르는 열정 지침'에는 "인생의 즐거움을 만끽하라. 시간을 잘 관리하라. 상위목표를 세우라. 그리고 그 목표를 매일매일 실천하라. 스트레스와 역경을 헤쳐 나갈 수 있는 나름의 방법을 준비하라.

음악을 들으라. 휴식과 자극을 동시에 느낄 수 있다. 활동적인 취미를 가지라. 자투리 시간을 생산적으로 활용하라. 당신의 생각을 정리할 시간을 가져라."라는 제안이 담겨있다. 위의 내용들을 그대로 실천한다면 그 누군들 행복에 이르지 못할까. 이에 덧붙여 삶을 행복하게 이끌어 줄 나의 평소 지론을 소개한다.

- 외향적인 성격을 갖고 언제나 행복한 표정을 지어라.
- 당신 자신에게 불가능한 요구를 하지 말고, 좌절하거나 자책하지 마라.
- 당신에게 매일 작은 선물을 함으로써 행복한 현재를 살아가라.
- 주변과 가족을 위한 시간과 노력을 투자 또한 잊지 말라.
- 지금 이 시간, 현재를 즐겨라.
- 문제가 발생하면 낙천적으로 생각하고 행복을 얻기 위한 열정으로 극복하라.

어렸을 때 많이 활짝 웃었던 여성이 나이를 먹어서도 더 행복한 삶을 산다는 학계의 보고도 있다. 행복도 연습할수록 좋은 습관으로 정착된다. 근대 철학의 아버지 칸트는 "행복의 원칙은 첫째 어떤 일을 할 것, 둘째 어떤 사람을 사랑할 것, 셋째 어떤 일에 희망을 가질 것."이라고 말한 바 있다. 이를 풀이하자면 일과, 사랑, 희망을 행복의 원천이라 이야기 할 수 있다.

행복에도 기술이 필요하다

행복 역시 익혀야 한다. 기술이 필요하다는 말이다. 2011년 5월 BBC는 4부작 다큐멘터리 제작을 위해 심리학자, 경영 컨설턴트, 자기계발 전문가, 사회사업가 등으로 구성된 이른바 행복위원회를 구성했다. 이들이 발표한 행복 헌장은 아래와 같다.

Friend : 친구가 있어야 행복하다.

Money : 돈이 행복의 충분조건은 아니지만 필요조건이다.

Works : 일이 있어야 행복하다.

Love : 세상을 움직이는 놀라운 힘은 사랑이다.

Sex : Sex가 없는 행복은 없지만 잘못된 성은 재앙이다.

Family : 가정, 행복이 시작되는 곳이다.

Children : 아이들은 가정의 기쁨이다.

Food : 음식은 당신을 행복에 젖게 한다.

Health : 건강 없는 행복은 없다.

Exercise : 기분이 좋아지는 지름길이다.

Pets : 행복을 더해주는 나만의 친구, 반려동물

Holidays : 일탈의 즐거움

Community : 공동체, 행복한 관계

Smile : 미소만으로도 당신과 당신을 마주한 사람은 행복을 느낀다.

Laughter : 행복해서 웃는 것이 아니라 웃어서 행복하다.

Spirits : 긍정의 씨앗을 뿌려주는 행복의 길잡이.

Age : 행복하게 나이 들기를 기도하라.

    진정한 행복은 물질적 충족보다는 정신적 가치를 우선으로 한다. 행복을 즐겨야 할 시간은 지금 이 순간부터이다. 행복을 즐겨야 할 장소 역시 지금 여기이다. 지금 이 순간을 만끽하자. 진정한 행복을 위해 오늘을 살아가는 것임을 기억하며. 행복에 이르는 열정 지침을 지금부터 실천해보자.

　세잎클로버의 꽃말flower language은 '행복'이다. 그리고 네잎클로버의 꽃말은 '행운'이다. 행복을 뒤로한 채 행운만 쫓지는 않았는지 우리 모두 한 번 뒤돌아보자.

One Point Lesson
자신 스스로 행복해질 때까지는 어떤 무엇도 아무것도 완전히 행복하게 만들 수 없다.

Epilogue

**대한민국 최초의 여성 대통령 시대 개막,
21세기는 왜 여성 리더십에 주목하는가**

직장여성이라면 누구든 한 번쯤은 성공한 여성리더를 꿈꿔 봤을 것이다. 지난 세기에는 한국사회의 특수성과 시대상에 의해 여성이 리더가 되는 데 어려움이 많았지만, 21세기에 들어 성공한 리더로 향하는 길이 여성들에게도 활짝 열렸다. 가히 기회의 홍수라 할 만하다. 하지만 무턱대고 회사에 다닌다 하여 여성리더가 되지는 않는다.

21세기 성공한 여성리더로 향하는 과정에서 우리가 할 수 있는 일은 무엇일까. 과거, 대한민국의 문화와 산업을 주도한 것이 남성들의 강인함과 치밀한 열정이었다면 현대는 여성들의 부드럽고 포용력 있는 열정을 원한다. 개인화가 뚜렷한 요즘, 가족을 대하는 어머니의 마음처럼 너른 배려와 늘 화합을 도모하려는 의지가 시대의 키워드로 부각되는 것이다.

성공한 여성리더들은 늘 자신과 타인과 사회에 헌신적이며 부드러운 카리스마를 발휘한다. 어떠한 업무를 맡더라도 여성 특유의 끈기로 완수하고 풍부한 감성으로 새로운 결과를 창조한다. 이는 자기 몫을 다할 줄 아는 직장여성이라면 누구나 할 수 있는 일이다. 이제는 자신의 열정을 맘껏 발휘할 수 있는 꿈이 무엇인지 정확히 파악하고, 자신의 능력에 알맞은 분야를 선택하여 매진하기만 하면 된다.

분명한 목표를 갖고 에너지와 재능을 집중한 여성이 성공한다. 열정은 하나로 딱 정의 내릴 수 있는 가치가 아니라 마침내 성공을 이루는 과정 그 자체라는 사실을 잊지 말아야 한다. 열정이 발휘되는 것을 본인 스스로 눈치 채지 못할 만큼 성공을 향해 집중해야 한다. 그렇게 하나의 목표를 이루었다 해도 끝이 아니다. 여성 특유의 창조적 감성으로 다시 새로운 목표를 만들고 다시 나아가자. 그 과정에서 얻어지는 것은 개인적인 행복만이 아니다. 주위 사람 모두가 저절로 행복해지고, 우리가 인간으로서 얻을 수 있는 최고의 이상적 가치를 획득할 수 있다.

모든 일에 열정을 발산하고 자기 자신과 삶을 사랑하고 주위 모든 사람들, 심지어 사물 하나조차 애정으로 대하는 당신에게 그 누가 매혹되지 않을 수 있을까. 지금 이 순간에도 꿈꾸듯 눈을 뜨고 가슴이 뜨거워지는 당신, 여성들에게 미리 박수를 보낸다.

이젠 여성 대통령이 우리나라를 이끌어 가게 된다. 여성만의 파워와 열정으로 잘 이끌어 주시길 기대한다. 또한 여성만이 아니라 이 책을 읽는 모든 독자들, 진정한 리더가 되기 위해 막 걸음을 뗀 당신의 꿈이 꼭 펼쳐지기를 기대한다. 그 여정에 이 책이 조금이나마 도움이 되기를 진심으로 바란다.